Stephen R. Covey
Der 8. Weg – Workbook

Stephen R. Covey

Der 8. Weg – Workbook

Der Quantensprung von der Effektivität zur wahren Größe

Aus dem Amerikanischen
von Ingrid Proß-Gill

Die amerikanische Originalausgabe »The 8th Habit Personal Workbook«
erschien 2006 bei Free Press, A Devision of Simon & Schuster, Inc., New York, USA
Copyright © 2006 by FranklinCovey Company

All rights reserved. No part of this work may be reproduced or transmitted in any form
or by any means, electronic or mechanical, including photocopying and recording,
or by any information storage or retrieval system.
FranklinCovey and the FC logo and trademarks are trademarks of FranklinCovey Co.
and their use is by permission.

Bibliografische Information der Deutschen Nationalbibliothek

Die Deutsche Nationalbibliothek verzeichnet diese Publikation
in der Deutschen Nationalbibliografie; detaillierte bibliografische Daten
sind im Internet über http://dnb.d-nb.de abrufbar.

ISBN 978-3-86936-329-5

Lektorat: Claudia Franz | info@text-it.org
Umschlaggestaltung: Martin Zech Design, Bremen | www.martinzech.de
Satz und Layout: Das Herstellungsbüro, Hamburg | www.buch-herstellungsbuero.de
Druck und Bindung: Salzland Druck, Staßfurt

Copyright © 2012 by GABAL Verlag GmbH, Offenbach
Alle Rechte vorbehalten. Vervielfältigung, auch auszugsweise, nur mit schriftlicher
Genehmigung des Verlages.

www.gabal-verlag.de
www.franklincovey.de
www.franklincovey.ch
www.franklincovey.at

Inhalt

Vorwort zur deutschen Ausgabe 7
Ihr persönliches Workbook 9

1 Der Schmerz 15
2 Das Problem 24
3 Die Lösung 38
4 Entdecken Sie Ihre innere Stimme – unsere ungeöffneten Geburts-Geschenke 43
5 Bringen Sie Ihre innere Stimme zum Ausdruck: Vision, Disziplin, Leidenschaft und Gewissen 61
6 Inspirieren Sie andere dazu, ihre innere Stimme zu finden: Die Herausforderung der Führung 79
7 Die Stimme des Einflusses: Ein Trimmruder sein 98
8 Die Stimme der Vertrauenswürdigkeit: Als Vorbild Charakterstärke und Kompetenz vorleben 114
9 Die Stimme und Schnelligkeit des Vertrauens 124
10 Verschmelzung der inneren Stimmen: Die Suche nach der dritten Alternative 136
11 Mit einer Stimme: Als Visionär gemeinsame Vision, Werte und Strategie entwickeln 146
12 Die Stimme und Disziplin der Umsetzung: Als Koordinator Ziele und Systeme auf Ergebnisse ausrichten 166
13 Die Stimme der Befähigung: Als Coach Leidenschaft und Talent freisetzen 178

14 Der 8. Weg und der ideale Punkt   **195**

15 Weise Nutzung unserer inneren Stimmen, um anderen zu dienen   **213**

ANHANG   **233**

Zusammenfassung   **235**

Journal   **253**

Dank   **268**

Über den Autor   **269**

Über FranklinCovey   **270**

Über FranklinCovey im deutschsprachigen Raum   **272**

Vorwort zur deutschen Ausgabe

Was ist Ihre Vision für Ihr Leben? Ihre innere Stimme? Wie verstehen Sie Ihre Führungsaufgabe im 21. Jahrhundert? Wie wollen Sie wahre Größe erreichen?

Der 8. Weg von Stephen R. Covey bietet tiefgreifende und praktische Anregungen, die schon viele Menschen zu klaren Antworten auf diese essentiellen Fragen inspiriert haben. Die Leserstimmen aus dem deutschsprachigen Raum am Ende dieses Buches und unsere Erfahrungen aus der Zusammenarbeit mit zahlreichen Organisationen belegen das eindrucksvoll.

Es reicht nicht, etwas theoretisch zu wissen – man muss es auch tun. Dabei will Ihnen dieses Workbook helfen. Nutzen Sie es, um systematisch an Ihren Antworten zu arbeiten und die Inhalte des *8. Weges* in Ihrem beruflichen, aber auch in Ihrem familiären Alltag umzusetzen.

Viel Erfolg auf Ihrem Weg, sich selbst und andere besser zu führen!

Alexandra Altmann

Geschäftsführerin
FranklinCovey Leadership Institut GmbH
Deutschland | Schweiz | Österreich

a.altmann@franklincovey.de

Ihr persönliches Workbook

Seit dem Erscheinen von *Die 7 Wege zur Effektivität* vor über 20 Jahren hat sich die Welt von Grund auf verändert. Wir stehen in unseren Beziehungen, in unseren Familien, im Berufsleben und in den Unternehmen vor nie gekannten Herausforderungen. Das wirft die Frage auf, ob die 7 Wege heutzutage überhaupt noch aktuell sind. Die Antwort lautet: Auf jeden Fall! Je größer die Veränderungen und je schwieriger die Aufgaben, desto wichtiger werden die 7 Wege. Ob als Einzelner oder als Organisation: Wer die Herausforderungen des 21. Jahrhunderts meistern will, muss effektiv sein.

Der 8. Weg ist Ihr Leitfaden zu einer vielversprechenden Seite der heutigen Realität. Er wird Ihnen in unserer veränderten Welt völlig neue Perspektiven aufzeigen. *Der 8. Weg* möchte Ihnen eine Landkarte an die Hand zu geben, die Sie durch Schmerz und Frustration zu wahrer Erfüllung, zu echter Bedeutung und zu wichtigen Beiträgen führt – nicht nur im Beruf, sondern in Ihrem gesamten Leben. Dabei geht es um eine zeitlose Realität. Um die Stimme des menschlichen Geistes – voller Hoffnung und Klugheit, von Natur aus widerstandsfähig und grenzenlos in ihren Möglichkeiten, dem Wohl der Menschheit zu dienen. *Der 8. Weg* bedeutet: Entdecken Sie Ihre innere Stimme und inspirieren Sie andere dazu, die ihre zu finden. Denn: Diese Stimme umfasst das Wesentliche all jener Organisationen, die überleben, erfolgreich sein und die Zukunft der Welt tief greifend beeinflussen werden.

Der 8. Weg ermöglicht es Ihnen, Ihren Einfluss von innen nach außen stetig zu steigern. Der Schlüssel dazu ist, dass Sie sich Zeit nehmen, die aktuellen Herausforderungen von Grund auf zu verstehen, und dann einen Kurs für Ihr Leben abstecken, der den zeitlosen, universellen Prinzipien aus dem *8. Weg* folgt. Wenn Sie das tun, werden Sie Ihre innere Stimme finden und Ihr Team und Ihre Organisation dazu inspirieren, in unserer radikal veränderten Welt ihre innere Stimme ebenfalls zu finden.

Dieses Workbook zum *8. Weg* will Ihnen helfen, den Quantensprung von der Effektivität zur wahren Größe zu machen. Der erste Teil der einzelnen Kapitel dient dazu, Ihr Verständnis für die Prinzipien des *8. Weges* durch eine kurze Wiederholung der grundlegenden Gedanken aus dem Buch und mit kurzen Übungen zu vertiefen. Am Ende der Kapitel bekommen Sie dann Tipps, wie Sie die Prinzipien des *8. Weges* Schritt für Schritt in Ihrem Leben umsetzen können. Damit Sie bestmöglich von diesem Workbook profitieren, sollten Sie besonders wichtige Seiten oder Übungen kennzeichnen. So finden Sie das Wesentliche sofort und können wichtige Passagen mehrmals durchgehen.

Den Quantensprung von der Effektivität zur wahren Größe schafft niemand von heute auf morgen. Deshalb möchte ich Ihnen jetzt ein paar Vorschläge machen, wie Sie dieses Workbook am besten durcharbeiten können.

So arbeiten Sie mit Ihrem persönlichen Workbook

Sie haben mindestens vier Möglichkeiten, um das Wissen aus dem *8. Weg* und diesem Workbook erfolgreich umzusetzen:

1. Sie können den *8. Weg* durchlesen, sich entscheiden, welche Inhalte Sie im Privat- oder im Berufsleben anwenden wollen, und diese Punkte dann im Workbook durcharbeiten und gezielt vertiefen.
2. Sie können das Buch zunächst komplett lesen. Danach beginnen Sie noch einmal von vorn und arbeiten parallel dazu dieses Workbook durch.
3. Die dritte Methode halte ich persönlich für die beste: Sie ist ein Programm für Ihre persönliche Weiterentwicklung, das Sie ein Jahr lang begleiten wird. Die folgende Tabelle zeigt Ihnen, wie Sie in den nächsten zwölf Monaten den *8. Weg* lesen und das Workbook durcharbeiten können. Auf die Zeitangaben aus dieser Tabelle werde ich mich das ganze Workbook hindurch beziehen. Falls Sie sich für eine andere Vorgehensweise entscheiden, ignorieren Sie einfach die Hinweise auf die einzelnen Monate.
4. Die vierte Möglichkeit ist, dass Sie die unten umrissenen Zeitangaben an Ihre persönlichen Bedürfnisse anpassen und den *8. Weg* und das Workbook in Ihrem eigenen Tempo durcharbeiten.

ZEITRAHMEN	FOKUS
VORBEREITUNG	• Lesen Sie die drei ersten Kapitel und arbeiten Sie dann die entsprechenden Abschnitte in diesem Workbook durch, um Ihr Verständnis für die Prinzipien des *8. Weges* zu vertiefen und die Grundlagen für Ihre persönliche Weiterentwicklung in den nächsten zwölf Monaten zu legen.
1. MONAT	• Lesen Sie Kapitel 4 und arbeiten Sie dann den entsprechenden Abschnitt in diesem Workbook durch. • Wählen Sie aus dem Abschnitt »Wenden Sie Ihre neuen Erkenntnisse an!« Übungen für den Rest des Monats aus und setzen Sie diese konsequent um.
2. MONAT	• Lesen Sie Kapitel 5 und arbeiten Sie dann den entsprechenden Abschnitt in diesem Workbook durch. • Wählen Sie aus dem Abschnitt »Wenden Sie Ihre neuen Erkenntnisse an!« Übungen für den Rest des Monats aus und setzen Sie diese konsequent um.
3. MONAT	• Lesen Sie Kapitel 6 und arbeiten Sie dann den entsprechenden Abschnitt in diesem Workbook durch. • Wählen Sie aus dem Abschnitt »Wenden Sie Ihre neuen Erkenntnisse an!« Übungen für den Rest des Monats aus und setzen Sie diese konsequent um.
4. MONAT	• Lesen Sie Kapitel 7 und arbeiten Sie dann den entsprechenden Abschnitt in diesem Workbook durch. • Wählen Sie aus dem Abschnitt »Wenden Sie Ihre neuen Erkenntnisse an!« Übungen für den Rest des Monats aus und setzen Sie diese konsequent um.
5. MONAT	• Lesen Sie Kapitel 8 und arbeiten Sie dann den entsprechenden Abschnitt in diesem Workbook durch. • Wählen Sie aus dem Abschnitt »Wenden Sie Ihre neuen Erkenntnisse an!« Übungen für den Rest des Monats aus und setzen Sie diese konsequent um.
6. MONAT	• Lesen Sie Kapitel 9 und arbeiten Sie den dann entsprechenden Abschnitt in diesem Workbook durch. • Wählen Sie aus dem Abschnitt »Wenden Sie Ihre neuen Erkenntnisse an!« Übungen für den Rest des Monats aus und setzen Sie diese konsequent um.

ZEITRAHMEN	FOKUS
7. MONAT:	• Lesen Sie Kapitel 10 und arbeiten Sie dann den entsprechenden Abschnitt in diesem Workbook durch. • Wählen Sie aus dem Abschnitt »Wenden Sie Ihre neuen Erkenntnisse an!« Übungen für den Rest des Monats aus und setzen Sie diese konsequent um.
8. MONAT	• Lesen Sie Kapitel 11 und arbeiten Sie dann den entsprechenden Abschnitt in diesem Workbook durch. • Wählen Sie aus dem Abschnitt »Wenden Sie Ihre neuen Erkenntnisse an!« Übungen für den Rest des Monats aus und setzen Sie diese konsequent um.
9. MONAT	• Lesen Sie Kapitel 12 und arbeiten Sie dann den entsprechenden Abschnitt in diesem Workbook durch. • Wählen Sie aus dem Abschnitt »Wenden Sie Ihre neuen Erkenntnisse an!« Übungen für den Rest des Monats aus und setzen Sie diese konsequent um.
10. MONAT	• Lesen Sie Kapitel 13 und arbeiten Sie dann den entsprechenden Abschnitt in diesem Workbook durch. • Wählen Sie aus dem Abschnitt »Wenden Sie Ihre neuen Erkenntnisse an!« Übungen für den Rest des Monats aus und setzen Sie diese konsequent um.
11. MONAT	• Lesen Sie Kapitel 14 und arbeiten Sie dann den entsprechenden Abschnitt in diesem Workbook durch. • Wählen Sie aus dem Abschnitt »Wenden Sie Ihre neuen Erkenntnisse an!« Übungen für den Rest des Monats aus und setzen Sie diese konsequent um.
12. MONAT	• Lesen Sie Kapitel 15 und arbeiten Sie dann den entsprechenden Abschnitt in diesem Workbook durch. • Wählen Sie aus dem Abschnitt »Wenden Sie Ihre neuen Erkenntnisse an!« Übungen für den Rest des Monats aus und setzen Sie diese konsequent um.

Wenn Sie mit diesem Workbook arbeiten, werden Sie verschiedene Übungen machen, Ihre Gedanken schriftlich festhalten, sich selbst beurteilen und Fragen beantworten, die Sie zum Nachdenken über die

Inhalte des *8. Weges* und ihre praktische Umsetzung anregen sollen. Außerdem werde ich Sie immer wieder bitten, sich kurze Filme auf der DVD zum *8. Weg* anzusehen. Am Anfang der einzelnen Abschnitte werde ich Sie zunächst auffordern, bestimmte Kapitel im *8. Weg* zu lesen. Denn: *Der 8. Weg* und dieses Workbook sind eng miteinander verknüpft. Deshalb sollten Sie unbedingt beides nutzen. Sie können dieses Workbook nur effektiv durcharbeiten, wenn Sie den Inhalt des jeweiligen Kapitels aus dem *8. Weg* ganz frisch im Gedächtnis haben. Am besten geht das, wenn Sie:

- zuerst das Kapitel im *8. Weg* lesen und danach gleich den entsprechenden Abschnitt in diesem Workbook bearbeiten.
- zunächst den Überblick über die Grundprinzipien lesen, den Sie immer am Anfang der einzelnen Kapitel in diesem Workbook finden.
- damit beginnen, die Kapitelzusammenfassungen im Anhang dieses Workbooks zu lesen.

So meistern Sie die Herausforderungen des 8. Weges

Dieses Workbook soll Ihnen helfen, die Herausforderungen des *8. Weges* zu bewältigen. Mit Hilfe der Tabelle auf Seite 424/425 im *8. Weg* können Sie Ihre Fortschritte überprüfen und dokumentieren. Ich hoffe, dieses Workbook wird Ihnen dabei helfen, Ihre einzigartige persönliche Bedeutung zu erkennen. Geben Sie sich die Chance, wirklich tief in die Inhalte einzutauchen. Seien Sie sich selbst und anderen gegenüber ehrlich, wenn Sie über Ihre neuen Erkenntnisse und das Gelernte sprechen. Sorgen Sie dafür, dass der *8. Weg* ein echter Gewinn für Sie wird!

KAPITEL 1
Der Schmerz

*Damit das Böse triumphieren kann, ist nur eins nötig –
dass gute Menschen nichts unternehmen.*
EDMUND BURKE

Lesen Sie bitte die Seiten 13 bis 26 in *Der 8. Weg*. Machen Sie sich mit den dort beschriebenen Grundprinzipien vertraut oder sehen Sie sich die Zusammenfassung im Anhang dieses Workbooks an.

Überblick der Grundprinzipien

- Die Entstehung des Wissenszeitalters hat dazu geführt, dass wir im Berufs- und Privatleben vor nie gekannten Herausforderungen stehen.
- FranklinCovey hat 23 000 Menschen über ihre Zufriedenheit im Job, ihr Gefühl, einen wichtigen Beitrag zu leisten, ihr Engagement und ihre Begeisterung für ihre Arbeit befragt. Magere 37 Prozent gaben an, die Unternehmensziele genau zu kennen und zu verstehen. Nur jeder Fünfte war von den Zielen seines Teams und seines Unternehmens überzeugt. Ebenfalls nur jeder Fünfte sagte, seine Aufgaben seien klar auf die Ziele seines Teams und seines Unternehmens abgestimmt.
- Vor dem Informations- und Wissenszeitalter war *Effektivität* erforderlich. Heute hingegen ist wahre *Größe* gefragt.
- Wenn Sie eine völlig neue Ebene der menschlichen Begabung und Motivation erreichen wollen, brauchen Sie eine neue Einstellung – einen neuen Weg. Der *8. Weg* ist eine dritte Dimension zu den anderen 7 Wegen. Er besteht darin, dass *Sie Ihrer*

inneren Stimme folgen und andere dazu zu inspirieren, dies ebenfalls zu tun.
- Ihre innere Stimme macht Ihre *einzigartige persönliche Bedeutung* aus. Sie liegt im Schnittpunkt Ihrer Talente, Ihrer Leidenschaften, Ihrer Bedürfnisse und Ihres Gewissens. Wenn Sie eine Arbeit übernehmen, die Ihren Talenten entspricht und Ihre Begeisterung weckt, folgen Sie Ihrer inneren Stimme, Ihrer Berufung, dem Code Ihrer Seele.
- In jedem von uns schlummert eine tiefe, ursprüngliche Sehnsucht, seine innere Stimme zu finden und ihr zu folgen.
- Mit diesem Buch möchte ich Ihnen einen Leitfaden an die Hand geben, der Sie zu wahrer Erfüllung, zu echter Bedeutung und zu wichtigen Beiträgen in unserer neuen Zeit führen wird.

Lernziele

Wenn Sie sich intensiv mit den Grundprinzipien aus diesem Kapitel befassen und sie konsequent umsetzen, werden Sie:

- besser verstehen, welche Herausforderungen die Zukunft mit sich bringt und welche Einstellung Sie brauchen, um im Wissenszeitalter Erfolg zu haben.
- Ihre innere Stimme finden, indem Sie intensiv über Ihre Talente, Ihre Leidenschaften, Ihr Gewissen und Ihre Lebensaufgabe nachdenken.
- sich darüber klar werden, welche Beiträge Sie in den Bereichen Leben, Lieben, Lernen und ein Lebenswerk schaffen leisten können.

So kommen Sie dem Schmerz auf die Spur

Lesen Sie bitte die Aussagen, die im *8. Weg* ab Seite 13 abgedruckt sind. Würden Sie sich einigen von ihnen anschließen? Für welche gilt das besonders?

_____

_____

_____

Verspüren Sie jeden Tag einen Schmerz, den keine der abgedruckten Aussagen zum Ausdruck bringt? Beschreiben Sie Ihren Schmerz:

_____

_____

_____

_____

Lesen Sie die statistischen Angaben auf Seite 15 im *8. Weg*. Wie sieht es hier bei Ihnen oder in Ihrem Unternehmen aus?

_____

_____

_____

_____

So entdecken Sie Ihre innere Stimme

Sehen Sie sich bitte die folgende Abbildung an. Finden Sie heraus, was Ihre innere Stimme sein könnte – Ihre einzigartige persönliche Bedeutung.

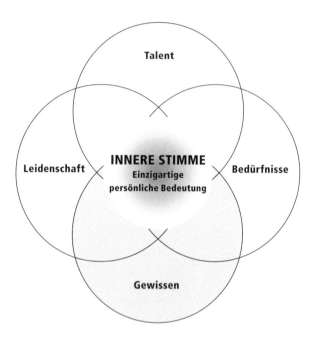

Talente
Was sind Ihrer Ansicht nach Ihre persönlichen Talente und Stärken?

_____

_____

_____

_____

Leidenschaften
Welche Dinge begeistern, motivieren und inspirieren Sie?

_____

_____

_____

_____

Welcher Zusammenhang besteht zwischen Ihren Talenten und Leidenschaften und dem Ziel und Zweck Ihres Unternehmens?

_____

_____

_____

_____

Bedürfnisse
Welche Ihrer Fähigkeiten sind so wichtig und wertvoll, dass andere Sie dafür bezahlen würden?

_____

_____

_____

_____

Gewissen
Haben Sie schon einmal erlebt, wie Ihr Gewissen Ihnen gesagt hat, was richtig ist, und Sie dann dazu bewegt hat, entsprechend zu handeln? Beschreiben Sie diese Erfahrung:

_____

_____

_____

_____

Haben Sie das Gefühl, dass Sie Ihre innere Stimme und Ihre Vision im Leben bereits gefunden haben?

_____

Ja? Dann kann *Der 8. Weg* Ihnen helfen, sich über den Sinn Ihres Lebens klar zu werden und ihn weiter zu vertiefen. Falls Sie mit Nein geantwortet haben, wird *Der 8. Weg* Sie dabei unterstützen, Ihre innere Stimme zu finden.

In den Kapiteln 4 und 5 erfahren Sie, wie Sie Ihre innere Stimme finden.

Der Film »Das Lebenswerk«

Sehen Sie sich jetzt bitte den Film »Das Lebenswerk« auf der DVD, die dem *8. Weg* beiliegt, an. Schreiben Sie dann auf, welche Beiträge Sie in den folgenden Bereichen gerne leisten würden:

Leben: _____

_____

_____

_____

Lieben: _____

_____

_____

_____

Lernen: _____

_____

_____

_____

Ein Lebenswerk schaffen: _____

_____

_____

_____

Setzen Sie Ihre neuen Erkenntnisse um!

Mit den Kapiteln 1 bis 3 legen Sie die Grundlagen für den *8. Weg*. Folgen Sie Ihrer inneren Stimme und inspirieren Sie andere, ihre innere Stimme zu finden:

- Wählen Sie eines der Prinzipien aus, die Sie in diesem Kapitel kennen gelernt haben. Nehmen Sie dann in Ihrem Leben eine entsprechende Veränderung vor. Machen Sie es beispielsweise wie in der Geschichte von Muhammad Yunus: Achten Sie darauf, ob es in Ihrem Umfeld Menschen gibt, die dringend etwas brauchen. Helfen Sie ihnen dabei, es zu bekommen.

    Prinzip: _____

    _____

    Was ich tun werde: _____

    _____

    _____

    _____

- Bringen Sie mindestens zwei anderen Menschen die Hauptideen dieses Kapitels näher. Schreiben Sie ihre Namen hier auf:

    _____

    _____

    _____

    _____

■ Erzählen Sie Freunden, Kollegen und Familienmitgliedern von Ihren Erkenntnissen. Schreiben Sie ihre Namen auf:

KAPITEL 2
Das Problem

Wie viel von sich die Leute in ihre Arbeit einbringen, entscheiden sie danach, wie sie behandelt werden und inwieweit sie alle vier menschlichen Dimensionen einbringen können: ihren Körper (physisch), ihr Herz (sozial/emotional), ihren Verstand (mental) und ihren Geist (spirituell).

Lesen Sie bitte die Seiten 27 bis 41 in *Der 8. Weg*. Machen Sie sich mit den dort beschriebenen Grundprinzipien vertraut oder sehen Sie sich die Zusammenfassung im Anhang dieses Workbooks an.

Überblick der Grundprinzipien

- Jedes neue Zeitalter der Geschichte brachte eine ungeheure Steigerung der Produktivität mit sich. Unsere Fähigkeit, in ein neues Zeitalter einzutreten und großartige Ergebnisse zu erbringen, hängt von unserer Bereitschaft ab, unsere Sichtweise der Dinge oder unsere Paradigmen zu ändern.

- Im Augenblick befinden wir uns im Zeitalter des Informations- oder Wissensarbeiters. Trotzdem gibt es noch immer Unternehmen, die mit der Einstellung des Industriezeitalters agieren. Hier werden die Mitarbeiter oft wie Dinge behandelt, die man managen und kontrollieren muss. Doch das führt zu unmündigen Mitarbeitern ohne jede Eigeninitiative.

- Wenn Sie kleine, schrittweise Veränderungen wollen, sollten Sie Ihre Arbeitsweise, Ihr Verhalten oder Ihre Einstellung überdenken. Wenn Sie jedoch grundlegende, quantensprungartige Verbesserungen erreichen wollen, müssen Sie an Ihren Paradigmen arbeiten. Zutreffende Paradigmen haben eine unglaubliche Kraft, weil sie die Welt erklären und uns dann Halt und Orientierung geben.

Das Zeitalter des Wissensarbeiters beruht auf einem neuen Paradigma – dem Paradigma der ganzen Person:

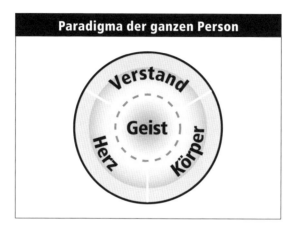

- Das Paradigma der ganzen Person spiegelt die vier grundlegenden Bedürfnisse aller Menschen wider: zu leben (Körper), zu lieben (Herz), zu lernen (Verstand) und ein Lebenswerk zu schaffen (Geist).

- Je nachdem, wie man uns behandelt und welche Chance man uns gibt, alle vier Bereiche unseres Menschseins einzubringen, treffen wir unsere Entscheidungen. Die Grafik auf Seite 26 veranschaulicht, wie mit steigendem Entscheidungsspielraum auch die Freude und der Einsatz für die Arbeit zunehmen.

Lernziele

Wenn Sie sich intensiv mit den Grundprinzipien aus diesem Kapitel befassen und sie konsequent umsetzen, werden Sie

- die fünf Zeitalter der Zivilisation und ihre jeweiligen Paradigmen und Denkweisen besser verstehen.
- wissen, welche Entscheidungen und Paradigmen wichtig sind, um im Zeitalter der Informations- und Wissensarbeiter bestehen zu können.
- erkennen, inwieweit Sie die typischen, sachbezogenen Denkweisen des Industriezeitalters verinnerlicht haben.
- diese sachbezogene Geisteshaltung des Industriezeitalters hinter sich lassen und den entscheidenden Schritt zum Paradigma der ganzen Person machen.
- verstehen, welche Möglichkeiten Sie haben, die von Ihnen angestrebten Beiträge zu leisten.
- feststellen, wie sich Ihre aktuellen Paradigmen auf Ihr Leben auswirken, und erkennen, welche Paradigmen Sie brauchen, um im Zeitalter der Informations- und Wissensarbeiter Erfolg zu haben.

So verstehen Sie die sachbezogene Denkweise des Industriezeitalters

Hatten Sie schon einmal das Gefühl, dass ein Vorgesetzter Sie zu stark kontrollierte, dass er zu autoritär oder in der Denkweise des Industriezeitalters verhaftet war? Beschreiben Sie diese Situation:

_____

_____

_____

_____

Wie haben Sie reagiert, als Sie aufgrund der Denkweise des Industriezeitalters nach dem Motto »Zuckerbrot und Peitsche« behandelt wurden? Wie haben Sie sich unter Ihrem Vorgesetzten gefühlt?

_____

_____

_____

_____

Haben Sie sich in der Lage gefühlt, Ihre Situation zu verändern? Weshalb oder weshalb nicht?

_____

_____

_____

_____

Wie hätten Sie die Erkenntnisse aus diesem Kapitel auf diese Situation anwenden können?

_____

_____

_____

_____

Überlegen Sie, wie diese Erkenntnisse Ihre Situation verändert hätten. Schildern Sie, was dann wahrscheinlich passiert wäre.

_____

_____

_____

_____

Haben Sie im Job oder zu Hause schon mal selbst jemanden kontrolliert und ihn gemäß der Denkweise des Industriezeitalters behandelt? Beschreiben Sie diese Situation:

_____

_____

_____

_____

_____

_____

Haben die anderen auf Ihr Verhalten reagiert? Wie haben sie sich Ihrer Ansicht nach gefühlt?

_____

_____

_____

_____

Wie haben Sie selbst sich gefühlt, als Sie die Denkweise des Industriezeitalters angewendet haben?

_____

_____

_____

Wie hätten Sie die Erkenntnisse aus diesem Kapitel auf diese Situation anwenden können?

_____

_____

_____

_____

Überlegen Sie sich, wie diese Erkenntnisse Ihre Situation verändert hätten. Schildern Sie, was dann wahrscheinlich passiert wäre.

___

___

___

___

___

Der Film »Max & Max«

Sehen Sie sich jetzt bitte den Film »Max & Max« auf der DVD, die dem *8. Weg* beiliegt, oder online an.
   Was hat zur Weiterentwicklung beim Kundenbetreuer Max und dem Hund Max beigetragen?

___

___

___

___

___

___

___

___

Stellen Sie sich vor, Sie wären selbst in der Situation von Max oder Mr. Harold. Was könnten Sie tun, um etwas zu verändern? Wie?

_____

_____

_____

_____

So erkennen Sie, welche Kraft Paradigmen haben

Das Wort *Paradigma* bedeutet »Wahrnehmung, Annahme, Theorie« oder auch »Brille«, durch die man die Welt sieht.
  Beschreiben Sie ein Paradigma, das andere Ihrer Ansicht nach von Ihnen haben.

_____

_____

_____

_____

Wie wirkt sich dieses Paradigma darauf aus, wie die anderen Sie behandeln und auf Sie reagieren?

_____

_____

_____

_____

Sind Sie über die Auswirkungen dieses Paradigmas glücklich? Weshalb oder weshalb nicht?

_____

_____

_____

_____

Notieren Sie typische Paradigmen über die Welt, andere Kulturen, Ihr Unternehmen, Ihre Abteilung, Ihr Team oder Ihre Familie, die tief in Ihrem Inneren verankert sind:

_____

_____

_____

Wie beeinflussen diese Paradigmen Ihr Handeln? Listen Sie für alle Paradigmen typische Verhaltensweisen auf:

_____

_____

_____

_____

Sind Sie über die Auswirkungen dieser Paradigmen glücklich? Weshalb oder weshalb nicht?

_____

_____

_____

_____

_____

_____

Welche Ihrer Paradigmen müssen Sie verändern, wenn Sie ins Zeitalter der Informations- und Wissensarbeiter eintreten wollen?

_____

_____

_____

_____

_____

_____

_____

Wie können Ihr Unternehmen, Ihr Team oder Ihre Familie im Zeitalter der Informations- und Wissensarbeiter wahre Größe erlangen?

_____

_____

_____

_____

_____

_____

_____

Wir Menschen haben die Freiheit zu wählen

Denken Sie über das Paradigma der ganzen Person (Seite 25) nach – das Paradigma, bei dem wir anerkennen, dass jeder von uns aus den vier Bereichen Körper, Verstand, Herz und Geist besteht. Letztlich kann jeder selbst entscheiden, inwieweit er seine Talente, seine Kreativität und seine Leidenschaften in seine Arbeit einbringen will. Wenn einer der vier Bereiche fehlt, werden Sie die Ebenen der freundlichen Kooperation, des überzeugten Engagements oder der begeisterten Kreativität kaum erreichen. Im Gegenteil: Sie werden die anderen vielleicht als Dinge betrachten, die man kontrollieren, managen oder nach der Methode »Zuckerbrot und Peitsche« behandeln muss, damit sie motiviert sind. Außergewöhnliche Ergebnisse können Sie in der Regel nur erreichen, wenn Sie den Durchbruch zu den höheren Ebenen schaffen, auf denen Sie wirkliches Engagement spüren und Ihre Potenziale voll nutzen können.

Kreuzen Sie in der Tabelle auf Seite 35 jeweils die Spalte an, die Ihre Reaktion auf die jeweiligen Situationen am besten beschreibt.

	Rebellion oder Kündigung	Widerwilliger Gehorsam	Bereitwilliges Mitmachen	Freundliche Kooperation	Überzeugtes Engagement	Begeisterte Kreativität
1. Sie haben eine neue Position in einer neuen Abteilung. Sie werden nicht fair behandelt. Es gibt Vetternwirtschaft und man weigert sich, Ihnen das Gehalt zu zahlen, das man Ihnen beim Einstellungsgespräch zugesagt hat.						
2. Sie bitten Ihren neuen Chef um ein Gespräch über Probleme, die Sie im Hinblick auf die Richtung haben, in die Ihr Team sich bei einem großen neuen Projekt bewegt, doch er behandelt Sie unfreundlich und lehnt ab.						
3. Sie und Ihr Team werden bei einer Besprechung aufgefordert, den Erfolg eines vor Kurzem abgeschlossenen Projekts zu beurteilen. Sie haben gern mit diesem Team gearbeitet, aber viele Ideen dazu, wie man den Prozess verbessern könnte. Aufgrund Ihrer früheren Erfahrungen wissen Sie, dass Ihr Chef keine neuen Ideen hören will – er will, dass Sie sich der Ansicht anschließen, dass das Projekt glattgelaufen ist.						
4. Sie haben jetzt sechs Monate lang jede Woche einen Arbeitsbericht ausgefüllt. Das kostet Sie zwar nicht viel Zeit, doch Ihnen ist aufgefallen, dass Ihr Chef diese Berichte nie liest.						
5. Sie gehören zu einem talentierten Team und lieben Ihre Arbeit sehr, doch in der letzten Zeit ist Ihnen aufgefallen, dass Ihr Chef Kunden Arbeit in Rechnung gestellt hat, die Ihr Team nicht erbracht hat.						
Gesamtzahl der Kreuze bei dieser Kategorie:						

Auswertung:

- Frage 1: Fehlendes Engagement des Körpers.
- Frage 2: Fehlendes Engagement des Herzens.
- Frage 3: Fehlendes Engagement des Verstandes.
- Frage 4: Fehlendes Engagement des Geistes.
- Frage 5: Fehlendes Engagement des Geistes.

In welchen Spalten haben Sie die *meisten* Kreuze gemacht?

_____

In welchen Spalten haben Sie *gar keine* Kreuze gesetzt?

_____

Woran liegt das Ihrer Meinung nach?

_____

_____

_____

_____

_____

_____

_____

_____

_____

Setzen Sie Ihre neuen Erkenntnisse um!

Die folgenden Aktivitäten helfen Ihnen, Ihre volle Aufmerksamkeit auf den *8. Weg* zu richten:

- Beobachten Sie die Verhaltensweisen in Ihrem Umfeld, die für das Industriezeitalter typisch sind. Beobachten Sie die dann die Verhaltensweisen, die das Zeitalter der Informations- und Wissensarbeiter spiegeln. Tragen Sie die Ergebnisse der verschiedenen Verhaltensweisen in das Journal am Ende dieses Workbooks ein.

- Beobachten Sie die Menschen in Ihrer Umgebung. Wer hat eine Beziehung vom Max-Typ zu seinem Vorgesetzten? Was unterstützt diese ineffektive, schädliche Beziehung? Wie sehen die Ergebnisse aus? Halten Sie Ihre Erkenntnisse im Journal am Ende dieses Workbooks fest.

- Bringen Sie mindestens zwei anderen Menschen die Hauptideen dieses Kapitels näher. Schreiben Sie ihre Namen hier auf:

  _____

  _____

  _____

- Erzählen Sie Freunden, Kollegen und Familienmitgliedern von Ihren Erkenntnissen. Schreiben Sie ihre Namen auf:

  _____

  _____

  _____

  _____

KAPITEL 3
Die Lösung

Organisationen, die genügend Mitarbeiter und Teams haben, die ihre ganze innere Stimme zum Ausdruck bringen, werden einen Quantensprung bei der Produktivität, der Innovationskraft und der Führung im Markt und in der Gesellschaft machen.

Lesen Sie bitte die Seiten 42 bis 52 in *Der 8. Weg*. Machen Sie sich mit den dort beschriebenen Grundprinzipien vertraut oder sehen Sie sich die Zusammenfassung im Anhang dieses Workbooks an.

Überblick der Grundprinzipien

- Grundlegende Veränderungsprozesse in einer Kultur oder einem Unternehmen beginnen gewöhnlich bei einem oder zwei Menschen, die sich – unabhängig von ihrer Position – von innen nach außen geändert haben. Kurz gesagt: Sie haben zunächst ihre eigene innere Stimme gefunden und dann andere dazu motiviert, es ihnen nachzutun.
- *Der 8. Weg: Die eigene innere Stimme finden und anderen dabei helfen, ihre innere Stimme zu finden* ist die zweiteilige Lösung für den Schmerz und das Problem, denen wir im Zeitalter der Informations- und Wissensarbeiter gegenüberstehen.
- Jeder von uns entscheidet sich im Leben für einen von zwei Wegen: den zur wahren Größe oder den zur Mittelmäßigkeit. Auch Sie können und müssen diese Entscheidung treffen – und zwar jeden Tag aufs Neue.
- Wenn Sie den Weg zur wahren Größe gehen wollen, müssen sich Ihr Wissen, Ihre Einstellungen und Ihre Fähigkeiten überschnei-

den. Dieses Workbook wird Ihnen helfen, Ihr Wissen und Ihre Fähigkeiten so auszubauen, dass Sie Ihre Paradigmen und Ihre Einstellungen ändern können.

Lernziele

Wenn Sie sich intensiv mit den Grundprinzipien aus diesem Kapitel befassen und sie konsequent umsetzen, werden Sie

- sehen, dass Sie die innere Stärke haben, sich und Ihre Situation zu verändern, und auch an diese Kraft glauben.
- erkennen, in welchen Bereichen Ihres Lebens Sie Ihre innere Stimme bereits gefunden haben und in welchen Bereichen Sie noch danach suchen.
- die beiden Wege verstehen, die jeder beschreiten kann – den zur wahren Größe oder den zur Mittelmäßigkeit.

So entdecken Sie Ihre innere Stimme

Ganz tief in jedem von uns steckt die Sehnsucht, zu wahrer Größe zu gelangen und wichtige Beiträge zu leisten. Wir alle wünschen uns, unserer inneren Stimme zu folgen und so echte Bedeutung zu gewinnen und etwas Außergewöhnliches zu bewirken. In welchen Bereichen Ihres Lebens haben Sie Ihre innere Stimme schon gefunden?

_____

_____

_____

_____

In welchen Bereichen suchen Sie noch nach Ihrer inneren Stimme?

_____

_____

_____

_____

Beschreiben Sie einen Bereich, in dem Sie gerne etwas Wichtiges bewirken würden.

_____

_____

_____

_____

Woran werden Sie erkennen, dass Sie etwas Wichtiges bewirkt haben? Was werden Sie dann wissen, fühlen oder tun?

_____

_____

_____

_____

Beschreiben Sie eine Situation, in der Sie alten Verhaltensmustern gefolgt sind und deshalb nur den Weg zur Mittelmäßigkeit eingeschlagen haben.

_____

_____

_____

_____

_____

_____

Was hätten Sie aus heutiger Sicht gerne anders gemacht? Was hätten Sie tun können, um den Weg zu wahrer Größe einzuschlagen?

_____

_____

_____

_____

_____

_____

_____

Setzen Sie Ihre neuen Erkenntnisse um!

Die folgenden Aktivitäten helfen Ihnen, Ihre volle Aufmerksamkeit auf den *8. Weg* zu richten:

- Gehen Sie an einen ruhigen Ort, an dem Sie sich konzentrieren und Ruhe finden können. Denken Sie darüber nach, welche Beiträge Sie momentan in Ihrer Familie und im Job leisten. Überlegen Sie, in welchen Bereichen Sie das Gefühl haben, dass Sie Ihren Beitrag verbessern könnten, wenn Sie Ihre innere Stimme finden.
- Bringen Sie mindestens zwei anderen Menschen die Hauptideen dieses Kapitels näher. Schreiben Sie ihre Namen hier auf:

_____

_____

_____

_____

- Erzählen Sie Freunden, Kollegen und Familienmitgliedern von Ihren Erkenntnissen. Schreiben Sie ihre Namen auf:

_____

_____

_____

_____

KAPITEL 4
Entdecken Sie Ihre innere Stimme – unsere ungeöffneten Geburts-Geschenke

> *Unsere tiefste Angst ist nicht, dass wir unzulänglich sein könnten.*
> *Unsere tiefste Angst ist vielmehr, dass wir über alle Maßen*
> *stark sein könnten.*
> MARIANNE WILLIAMSON

Lesen Sie bitte die Seiten 55 bis 78 in *Der 8. Weg*. Machen Sie sich mit den dort beschriebenen Grundprinzipien vertraut oder sehen Sie sich die Zusammenfassung im Anhang dieses Workbooks an.

Überblick der Grundprinzipien

- Wenn Sie Ihre innere Stimme entdecken wollen, müssen Sie drei angeborene Geburts-Geschenke öffnen und nutzen: Ihre Freiheit zu wählen, die Prinzipien oder Naturgesetze und Ihre vier Intelligenzen oder Fähigkeiten.

- Unser erstes Geburts-Geschenk ist die Freiheit zu wählen. Zwischen Reiz und Reaktion gibt es einen Raum, in dem jeder von uns seine Reaktion selbst bestimmen kann. Wir Menschen sind somit nicht die Produkte unserer Gene oder unserer Erziehung, sondern die Produkte unserer eigenen Entscheidungen.

- Unser zweites Geburts-Geschenk sind die *Naturgesetze oder Prinzipien*. Sie sind universell, zeitlos und offensichtlich. Die Prinzipien gelten immer – egal, ob wir ihnen zustimmen oder nicht. Der Geltungsbereich der Prinzipien ist die *natürliche Autorität*. Die nächste Stufe ist die *moralische Autorität*. Sie kommt immer dann zum Tragen, wenn wir unsere Freiheit zu wählen nutzen. Um diese Freiheit zu erlangen, müssen wir unsere kurzfristigen Eigeninteressen aufgeben und den Mut haben, unsere sozialen Werte den allgemeingültigen Prinzipien unterzuordnen. Im Gegensatz zu den Prinzipien sind *Werte* soziale Normen – sie sind persönlich, emotional, subjektiv und bestreitbar. Die Auswirkungen unseres Tuns sind durch die Prinzipien vorgegeben, wohingegen unser Verhalten durch unsere Werte bestimmt wird. Deshalb müssen wir den Prinzipien große Beachtung schenken!

- Unser drittes Geburts-Geschenk sind unsere vier Intelligenzen oder Fähigkeiten. Diese lassen sich folgendermaßen kategorisieren: mentale Intelligenz (IQ), physische oder körperliche Intelligenz (PQ), emotionale Intelligenz (EQ) und spirituelle Intelligenz (SQ).

Lernziele

Wenn Sie sich intensiv mit den Grundprinzipien aus diesem Kapitel befassen und sie konsequent umsetzen, werden Sie:

- die Geburts-Geschenke, die jeder von uns besitzt, besser erkennen und verstehen.
- den Raum zwischen Reiz und Reaktion, in dem Sie frei wählen können, nutzen und vergrößern.
- Ihre Werte an den Prinzipien oder Naturgesetzen ausrichten und dadurch eine größere moralische Autorität gewinnen.
- Ihre mentalen, physischen, emotionalen und spirituellen Intelligenzen oder Fähigkeiten verbessern, sodass Sie Ihre innere Stimme finden können.

So verstehen Sie Ihr erstes Geburts-Geschenk: die Freiheit zu wählen

Zwischen Reiz und Reaktion gibt es einen Raum, der Ihre Freiheit zu wählen repräsentiert. Der Schlüssel liegt darin, diesen Raum zu vergrößern. Wie groß ist Ihr Reaktionsraum? Kreisen Sie jeweils den Buchstaben ein, der am besten beschreibt, wie Sie in den folgenden Situationen reagieren würden:

1. Kurz vor Feierabend kommt ein Kollege zu Ihnen ins Büro. Er muss am nächsten Morgen eine Präsentation halten. Dazu braucht er noch einige Zahlen und bittet Sie, ihn zu unterstützen. Er fragt nicht, ob Sie gerade mit irgendetwas anderem beschäftigt sind oder nach Hause gehen wollten. Er erwartet einfach, dass Sie Überstunden machen und ihm helfen. Was tun Sie?

    a. Sie hören sich seine Bitte ruhig an und schlagen Alternativen zu den Überstunden vor.
    b. Sie zeigen Mitgefühl für Ihren Kollegen und sagen: »Oh, ich kann Sie gut verstehen. So was ist mir auch schon passiert. Das ist wirklich eine schwierige Situation. Leider kann ich heute nicht länger bleiben.« Dann verlassen Sie das Büro.
    c. Sie sind empört und wütend, dass er Überstunden und Extraarbeit von Ihnen erwartet. Sie erklären sich entweder bereit, ihm zu helfen, oder gehen.

2. Ihr Sohn möchte mit Ihnen darüber sprechen, ob er abends nicht später nach Hause kommen darf. Über dieses Thema haben Sie schon mehrmals diskutiert. Sie sind das leid – er soll Ihre Wünsche einfach respektieren und um zehn zu Hause sein, wenn er am nächsten Tag zur Schule muss. Wie reagieren Sie?

    a. Sie fragen Ihren Sohn, weshalb er noch einmal mit Ihnen über diese Sache sprechen will, und bemühen sich, seine Bedürfnisse und die möglicherweise veränderten Umstände zu verstehen.
    b. Sie sagen Ihrem Sohn, dass Sie nicht noch einmal Stunden damit verbringen wollen, dieses Thema durchzukauen. Erlauben ihm aber, ausnahmsweise bis zwölf wegzubleiben.
    c. Sie seufzen und sagen: »Ich habe die Nase voll davon, über die-

ses Thema zu diskutieren! Du kommst dann nach Hause, wann ich sage – und basta!«

3. Ihre Chefin sagt Ihnen, dass sich mehrere Kollegen darüber beklagt hätten, dass es schwierig sei, mit Ihnen zu arbeiten, weil Sie nicht bereit wären, sich richtig anzustrengen. Das überrascht Sie, da Sie kein Problem mit Ihrem Team wahrgenommen haben. Wie verhalten Sie sich?

   a. Sie hören sich ganz ruhig an, was Ihre Chefin zu sagen hat. Dann bitten Sie sie um ein konkretes Beispiel und suchen gemeinsam nach Lösungen.
   b. Sie sind verletzt und fühlen sich wie gelähmt. Da Sie nicht wollen, dass Ihre Chefin Sie für unprofessionell hält, bewahren Sie bis zum Ende des Gesprächs die Fassung. Insgeheim schwören Sie sich, sich eine Zeit lang von Ihren Kollegen fernzuhalten und möglichst unabhängig zu arbeiten.
   c. Sie wollen sich verteidigen und fragen: »Wer hat das gesagt? Ich möchte konkrete Namen und Beispiele hören. Ich habe viel härter gearbeitet als die meisten in dieser Abteilung. Niemand erkennt, was ich alles leiste!«

	a	b	c
Wie oft haben Sie diese Buchstaben eingekreist?			
	Sehr großer Reaktionsraum bei der Freiheit zu wählen	Mittelgroßer Reaktionsraum bei der Freiheit zu wählen	Kleiner Reaktionsraum bei der Freiheit zu wählen

Wenn Sie wissen, dass Sie die Freiheit zu wählen haben, gibt Ihnen das ein ganz neues Gefühl für Ihre Möglichkeiten und hilft Ihnen, Ihr Potenzial viel besser auszuschöpfen. Oder um es mit den Worten von R. D. Laing auszudrücken: »Die Spannbreite unseres Denkens und Handelns ist durch das begrenzt, was wir nicht bemerken. Und da wir nicht merken, dass wir es nicht bemerken, können wir nur wenig tun, um uns zu ändern; bis wir merken, wie stark die Tatsache, dass wir es nicht bemerken, unser Denken und Handeln prägt.«

Weshalb macht uns die Erkenntnis, dass wir wählen können und für unsere Entscheidungen selbst verantwortlich sind, oft Angst?

_____

_____

_____

_____

Immer wenn Ihre Emotionen von den Schwächen eines anderen Menschen bestimmt werden, lassen Sie zu, dass andere Sie in Ihrem emotionalen Wohlbefinden beeinträchtigen. Beschreiben Sie, wie Sie in einer schwierigen Situation waren und die Schwäche eines anderen Ihr Gefühlsleben über längere Zeit negativ beeinflusst hat.

_____

_____

_____

_____

Wie hätte ein größerer Reaktionsraum bei der Freiheit zu wählen Ihnen dabei helfen können, diese emotional angespannte Zeit zu verkürzen?

_____

_____

_____

_____

So verstehen Sie Ihr drittes Geburts-Geschenk: Die vier Intelligenzen / Fähigkeiten unserer Natur

Die vier Dimensionen der menschlichen Natur (Körper, Verstand, Herz und Geist) entsprechen den vier Fähigkeiten oder Intelligenzen. Wenn Sie diese vier Fähigkeiten nutzen und weiterentwickeln, wird Ihnen das Zuversicht, Stärke, Sicherheit und moralische Autorität verleihen. Zudem wird es Ihre Fähigkeit, auf andere einzuwirken und sie dabei zu unterstützen, ihre innere Stimme zu finden, wesentlich verbessern.

Ihre physische, mentale, emotionale und spirituelle Intelligenz sind eng miteinander verbunden. Denken Sie an eine Situation, in der Sie eine der vier Intelligenzen über längere Zeit stark vernachlässigt haben. Wie hat sich das auf die drei anderen ausgewirkt?

So stärken Sie Ihre physische Intelligenz (PQ)

Füllen Sie bitte die folgende Tabelle aus, um herauszufinden, wie es um Ihre physische Intelligenz bestellt ist. 1 = nie; 2 = selten; 3 = oft; 4 = gewöhnlich; 5 = immer.

Gesunde Ernährung	1	2	3	4	5
1. Ich ernähre mich fettarm und ausgewogen – mit Vollkornprodukten, Obst und Gemüse.					
2. Ich gehe sparsam mit gesättigten Fetten und Zucker um.					
3. Ich höre mit dem Essen auf, wenn ich satt bin, und vermeide es, mich vollzustopfen und zu überfressen.					
4. Ich trinke jeden Tag 1,5 bis 2,5 Liter Wasser.					
5. Ich nehme Vitamine oder Nahrungsergänzungsstoffe, die meiner Ansicht nach für meinen Körper gesund sind.					
Regelmäßige, ausgewogene körperliche Betätigung	1	2	3	4	5
6. Ich mache mindestens dreimal in der Woche Sport.					
7. Zu meinem wöchentlichen Sportprogramm gehören auch Dehnungsübungen.					
8. Zu meinem wöchentlichen Sportprogramm gehört auch Krafttraining.					
9. Zu meinem wöchentlichen Sportprogramm gehören auch Aerobic-Übungen.					
Genug Ruhe, Entspannung und Stressvorbeugung	1	2	3	4	5
10. Ich bekomme jede Nacht sechs bis acht Stunden Schlaf.					
11. Ich plane jede Woche Aktivitäten zur Entspannung und Erholung ein.					
12. Ich suche pro-aktiv nach Möglichkeiten, negativen Stress zu vermeiden.					
13. Ich lasse jedes Jahr einen Gesundheitscheck machen.					
14. Ich kenne und berücksichtige meine genetisch bedingten gesundheitlichen Veranlagungen.					

Denken Sie jetzt bitte an Ihre berufliche Situation. Sind Sie der Meinung, dass Sie fair bezahlt werden?

_____
_____
_____
_____
_____
_____

Wie können Sie Ihr Arbeitsumfeld in physischer Hinsicht verbessern, um wahre Größe zu fördern?

_____
_____
_____
_____
_____
_____
_____

So stärken Sie Ihre mentale Intelligenz (IQ)

Füllen Sie bitte die folgende Tabelle aus, um herauszufinden, wie es um Ihre mentale Intelligenz bestellt ist. 1 = nie; 2 = selten; 3 = oft; 4 = gewöhnlich; 5 = immer.

Konsequente, systematische Weiterbildung	1	2	3	4	5
1. Ich lese jeden Monat mindestens ein Buch.					
2. Ich lese regelmäßig Artikel aus Zeitungen oder Zeitschriften.					
3. Ich sehe keine sinnlosen Fernsehsendungen und surfe nicht planlos im Internet.					
4. Wenn ich einen Vortrag anhöre oder etwas Neues lese, mache ich mir Notizen.					
5. Ich besuche verschiedene Weiterbildungsveranstaltungen, um mein Wissen auszubauen.					
Verfeinerung der Selbstwahrnehmung	1	2	3	4	5
6. Ich nutze den Raum zwischen Reiz und Reaktion, um innezuhalten, und handle erst dann.					
7. Ich halte meine Gedanken schriftlich fest, um mich zu erforschen, zu beobachten und zu verändern.					
8. Ich hole mir Feedback von Menschen aus meinem privaten und beruflichen Umfeld.					
9. Ich meditiere oder bete regelmäßig oder nutze meine Zeit auf irgendeine andere Art, um intensiv nachzudenken.					
Lernen durch Lehren und Tun	1	2	3	4	5
10. Ich teile meine Gedanken und Gefühle mit Menschen, die mir nahestehen.					
11. Ich führe jede Woche intensive Gespräche über die Dinge, über die ich gerade etwas lerne oder nachdenke.					
12. Ich habe ein gutes Planungssystem, das es mir ermöglicht, das Gelernte umzusetzen.					

Was können Sie wirklich gut?

_____

_____

_____

_____

_____

Welche Möglichkeiten für persönliches Wachstum und Weiterentwicklung sehen Sie?

_____

_____

_____

_____

_____

_____

So stärken Sie Ihre emotionale Intelligenz (EQ)

Füllen Sie bitte die folgende Tabelle aus, um herauszufinden, wie es um Ihre emotionale Intelligenz bestellt ist. 1 = nie; 2 = selten; 3 = oft; 4 = gewöhnlich; 5 = immer.

Selbstwahrnehmung	1	2	3	4	5
1. Ich bin überzeugt, dass ich die Freiheit habe, zu wählen, und für meine Handlungen verantwortlich bin.					
2. Ich nutze den Raum zwischen Reiz und Reaktion, um innezuhalten, und reagiere dann auf der Grundlage meiner Werte und Prinzipien.					
3. Ich achte auf eine pro-aktive Sprache (z.B. »Ich habe die Kontrolle über meine Gefühle«, »Ich entscheide selbst«, »Ich ziehe es vor« statt »Er macht mich ganz wütend«, »Ich kann nicht« oder »Ich muss«).					
4. Ich nutze meine Zeit und Energie gezielt für die Dinge, die ich beeinflussen kann, und nicht für die Dinge, bei denen ich ohnehin nichts machen kann.					
Persönliche Motivation	1	2	3	4	5
5. Bevor ich handle, stelle ich mir die Ergebnisse vor und plane dann, wie ich sie erreichen kann.					
6. Ich habe ein persönliches Leitbild und richte mein Leben danach aus.					
7. Mein Leitbild und meine Ziele motivieren mich jeden Tag aufs Neue, wahre Größe zu erlangen.					
Selbstregulierung	1	2	3	4	5
8. Ich konzentriere mich voll und ganz auf meine wichtigsten Prioritäten.					
9. Ich verzettle mich nicht mit unwichtigen Aktivitäten.					
10. Ich habe ein Planungssystem, das mir hilft, meine wichtigsten Prioritäten Tag für Tag und Woche für Woche umzusetzen.					
11. Ich tue jede Woche etwas, um mich zu erneuern und so Stress und Burn-out zu entgehen.					

Einfühlungsvermögen					
12. Ich höre mit der Absicht zu, den anderen zu verstehen, und nicht mit der Absicht, sofort etwas zu erwidern.					
13. Ich versuche, die Dinge aus der Perspektive des anderen zu sehen.					
14. Wenn ich zuhöre, vermeide ich es, den anderen zu beurteilen oder ihm Ratschläge zu geben.					
Soziale Fähigkeiten					
15. Ich strebe nicht nur nach Vorteilen für mich, sondern auch für die anderen – nach echten Gewinn/Gewinn-Lösungen.					
16. Ich achte darauf, dass im Umgang mit anderen ein gesundes Gleichgewicht zwischen Offenheit und Rücksichtnahme herrscht.					
17. Ich akzeptiere und schätze die Unterschiede bei anderen.					
18. Ich setze auf kreative Kooperation, um gemeinsam mit anderen die beste Lösung zu finden.					
19. Ich kann mich auf positive, produktive Weise ausdrücken.					

Was haben Sie schon immer wirklich gern gemacht?

_____

_____

_____

Welchen Möglichkeiten bringen Sie Leidenschaft entgegen?

_____

_____

So stärken Sie Ihre spirituelle Intelligenz (SQ)

Füllen Sie bitte die folgende Tabelle aus, um herauszufinden, wie es um Ihre spirituelle Intelligenz bestellt ist. 1 = nie; 2 = selten; 3 = oft; 4 = gewöhnlich; 5 = immer.

Integrität	1	2	3	4	5
1. Ich kenne meine persönlichen Werte.					
2. Ich lebe nach meinen persönlichen Werten.					
3. Ich halte die Versprechen, die ich anderen gebe.					
4. Ich halte die Versprechen, die ich mir selbst gebe.					
Sinn und Stimme	1	2	3	4	5
5. Ich habe ein persönliches Leitbild, das mich inspiriert.					
6. Meine Arbeit begeistert mich und ist eine Herausforderung für mich. Ich liebe das, was ich mache.					
7. Meine Arbeit erlaubt es mir, mich als ganze Person einzubringen und alle vier Intelligenzen zu nutzen.					
8. Ich lebe meine Mission und meine Berufung jeden Tag aus.					

Was würde Ihre Tage und Wochen für Sie bedeutsamer machen?

_____

_____

_____

_____

Welchen Beitrag würden Sie in Ihren aktuellen Rollen gern erbringen?

_____

_____

_____

_____

Welche Menschen haben Sie in Ihrem Leben bisher inspiriert? Welche neuen Perspektiven oder Erkenntnisse haben sie Ihnen gegeben? Welche Teile Ihrer inneren Stimme haben sie in Ihnen hervorgebracht?

_____

_____

_____

_____

Welche Aspekte Ihres Charakters würden Sie in Ihrem Leben gerne stärken, damit Sie Ihre innere Stimme besser finden oder weiterentwickeln können?

_____

_____

_____

Wie könnten Sie bei der Arbeit oder zu Hause Prinzipien einführen, um anderen zu helfen, ihre innere Stimme zu finden?

_____
_____
_____
_____
_____
_____

Setzen Sie Ihre neuen Erkenntnisse um!

Beschäftigen Sie sich im nächsten Monat mit einen Teil oder mit allen der folgenden Aktivitäten, um Ihre neuen Erkenntnisse im Privat- und Berufsleben anzuwenden.

- Sehen Sie sich die Übung zur Stärkung Ihrer physischen Intelligenz (PQ) und Ihre Selbstbeurteilung noch einmal an. Wählen Sie den Bereich, in dem Sie sich den niedrigsten Wert gegeben haben. Machen Sie es sich zum Ziel, sich in diesem Bereich zu verbessern. Tragen Sie dieses Ziel in die Liste Ihrer Tages- oder Wochenaufgaben in Ihrem persönlichen Planungssystem ein. Arbeiten Sie dann den ganzen Monat lang an diesem Bereich. Stärken Sie Ihren Körper. *Nehmen Sie an, Sie hätten einen Herzinfarkt gehabt – leben Sie von nun an entsprechend!*

- Sehen Sie sich die Übung zur Stärkung Ihrer mentalen Intelligenz (IQ) und Ihre Selbstbeurteilung noch einmal an. Wählen Sie den Bereich, in dem Sie sich den niedrigsten Wert gegeben haben. Machen Sie es sich zum Ziel, sich in diesem Bereich zu verbessern. Tragen Sie dieses Ziel in die Liste Ihrer Tages- oder Wochenaufgaben in Ihrem persönlichen Planungssystem ein. Arbeiten Sie dann den ganzen Monat lang an diesem Bereich. Stärken Sie Ihren Verstand. *Nehmen Sie an, dass die Halbwertszeit in Ihrem Beruf zwei Jahre beträgt – bereiten Sie sich von nun an entsprechend vor!*

- Sehen Sie sich die Übung zur Stärkung Ihrer emotionalen Intelligenz (IQ) und Ihre Selbstbeurteilung noch einmal an. Wählen Sie den Bereich, in dem Sie sich den niedrigsten Wert gegeben haben. Machen Sie es sich zum Ziel, sich in diesem Bereich zu verbessern. Tragen Sie dieses Ziel in die Liste Ihrer Tages- oder Wochenaufgaben in Ihrem persönlichen Planungssystem ein. Arbeiten Sie dann den ganzen Monat lang an diesem Bereich. Stärken Sie Ihr Herz. *Nehmen Sie an, dass die anderen alles hören können, was Sie über sie sagen – reden Sie von nun an entsprechend!*

- Sehen Sie sich die Übung zur Stärkung Ihrer spirituellen Intelligenz (IQ) und Ihre Selbstbeurteilung noch einmal an. Wählen Sie den Bereich, in dem Sie sich den niedrigsten Wert gegeben haben. Machen Sie es sich zum Ziel, sich in diesem Bereich zu verbessern. Tragen Sie dieses Ziel in die Liste Ihrer Tages- oder Wochenaufgaben in Ihrem persönlichen Planungssystem ein. Arbeiten Sie dann den ganzen Monat lang an diesem Bereich. Stärken Sie Ihren Geist. *Nehmen Sie an, dass Sie jedes Vierteljahr vor Ihren Schöpfer treten müssen – leben Sie von nun an entsprechend!*

- Bringen Sie mindestens zwei anderen Menschen die Hauptideen dieses Kapitels näher. Schreiben Sie ihre Namen hier auf:

_____

_____

_____

_____

_____

Erzählen Sie Freunden, Kollegen und Familienmitgliedern von Ihren Erkenntnissen. Schreiben Sie ihre Namen auf:

_____

_____

_____

_____

_____

_____

KAPITEL 5

Bringen Sie Ihre innere Stimme zum Ausdruck: Vision, Disziplin, Leidenschaft und Gewissen

*Wer über andere herrschen will, muss zunächst
Herr über sich selbst sein.*
PHILLIP MASSINGER

Lesen Sie bitte die Seiten 79 bis 114 in *Der 8. Weg*. Machen Sie sich mit den dort beschriebenen Grundprinzipien vertraut oder sehen Sie sich die Zusammenfassung im Anhang dieses Workbooks an.

Überblick der Grundprinzipien

- Menschen, die Großes erreichen, haben die Fähigkeit, ihre vier Intelligenzen folgendermaßen zum Ausdruck zu bringen: durch eine *Vision* (mental), durch *Disziplin* (physisch), *Leidenschaft* (emotional) und ihr *Gewissen* (spirituell).
- Eine *Vision* zu haben bedeutet, eine neue Zukunft für sich zu sehen – eine, in der Sie Ihre einzigartige Mission und Rolle im Leben verwirklichen.
- *Disziplin* bedeutet, Ihre Vision Wirklichkeit werden zu lassen. Sie ist die harte Arbeit, die Beharrlichkeit und die Willenskraft, die Sie brauchen, um das zu schaffen, was Sie sich vorgenommen haben. Dazu gehört auch, dass Sie bereit sind, etwas Unmittelbares, Kurzfristiges für etwas Dauerhaftes, Langfristiges zu opfern.

- Die *Leidenschaft* ist das innere Feuer, das Ihnen hilft, auch dann Disziplin aufzubringen, wenn es mal schwierig wird. Leidenschaft ist der Treibstoff für Ihre Vision.
- Ihr *Gewissen* ist die innere moralische Instanz, die es Ihnen ermöglicht, Ihre Vision zu verwirklichen – und zwar ohne Ihre Prinzipien und Werte aufzugeben. Es ist das innere Leitsystem, das Ihre Vision, Ihre Disziplin und Ihre Leidenschaft lenkt.
- Ihre innere Stimme zu finden und zum Ausdruck zu bringen bedeutet, dass Sie als ganze Person leben und handeln – mit Ihrem Körper, Ihrem Verstand, Ihrem Herzen und Ihrem Geist.

Ganze Person	Vier Bedürfnisse	Vier Intelligenzen/ Fähigkeiten	Vier Attribute	Innere Stimme
Körper	Leben	Physische Intelligenz (PQ)	Disziplin	Bedürfnisse (die Erfüllung von Bedürfnissen »sehen«)
Verstand	Lernen	Mentale Intelligenz (IQ)	Vision	Talent (disziplinierter Fokus)
Herz	Lieben	Emotionale Intelligenz (EQ)	Leidenschaft	Leidenschaft (etwas gerne tun)
Geist	Ein Lebenswerk schaffen	Spirituelle Intelligenz (SQ)	Gewissen	Gewissen (tun, was richtig ist)

Lernziele

Wenn Sie sich intensiv mit den Grundprinzipien aus diesem Kapitel befassen und sie konsequent umsetzen, werden Sie:

- eine klare Vision für Ihr Leben entwickeln.
- verstehen, wie viel Disziplin erforderlich ist, damit Sie Ihre Lebensvision verwirklichen können.
- sich in einem Bereich Ihres Lebens verbessern, in dem es Ihnen bisher an der nötigen Disziplin gefehlt hat.

- wissen, was Sie wirklich antreibt, und die Dinge kennen, denen Sie Begeisterung und Leidenschaft entgegenbringen.
- Ihr Gewissen erforschen und besser auf das hören, was es Ihnen sagt.
- einen Aktionsplan aufstellen, um Ihre innere Stimme in Hinsicht auf eine ganz bestimmte Rolle in Ihrem Leben zu finden.

So entwickeln Sie Ihre Vision

Das Wort *Vision* bedeutet, sich auszumalen, was künftig bei einem Menschen, einem Projekt oder einem Unternehmen alles möglich ist. Um Ihre persönliche Lebensvision zu entwickeln, müssen Sie Ihrer inneren Stimme folgen. Dabei hilft Ihnen die folgende Übung: Stellen Sie sich vor, Sie feiern gemeinsam mit Ihren Verwandten, Freunden und Kollegen Ihren 80. Geburtstag:

Welche Stimmung und welche Gefühle sollen bei der Feier vorherrschen?

_____

_____

_____

_____

Wie sollen die Beziehungen zwischen Ihnen und Ihren Geburtstagsgästen sein?

_____

_____

_____

Was haben Sie im Laufe Ihres Lebens miteinander geteilt?

_____

_____

_____

_____

Wofür sollte Ihre Familie Ihnen danken?

_____

_____

_____

_____

Wofür sollten Ihre Freunde Ihnen danken?

_____

_____

_____

_____

_____

Wofür sollten Ihre Kollegen Ihnen danken?

_____

_____

_____

Nutzen Sie Ihre Antworten, um Ihre Vision für Ihr Leben kurz zu beschreiben:

_____

_____

_____

Beantworten Sie die folgenden Fragen zu Ihrer Lebensvision:

	Kreuzen Sie die zutreffende Antwort an	
Entspricht Ihre Lebensvision Ihrer inneren Stimme, Ihrer Leidenschaft, Ihren einzigartigen Stärken und Talenten?	Ja	Nein
Verleiht sie Ihnen ein Gefühl der *Berufung*? Handelt es sich um etwas, das Ihren vollen Einsatz verdient?	Ja	Nein
Ermöglicht Ihre Vision Ihnen, die Vergangenheit hinter sich zu lassen? Hilft sie Ihnen, das bisher unerkannte Potenzial in anderen Menschen zu sehen?	Ja	Nein
Bedeutet Ihre Vision für Sie weit mehr, als einfach nur dafür zu sorgen, dass irgendwelche Dinge abgearbeitet werden, dass irgendeine Aufgabe erledigt wird?	Ja	Nein
Hilft Ihre Vision Ihnen, über das momentane Verhalten und die Schwächen anderer hinwegzusehen und Ihre wahren Fähigkeiten und Stärken zu erkennen?	Ja	Nein
Weckt Ihre Vision positive Energien in Ihnen? Bezieht sie auch andere mit ein?	Ja	Nein

So fördern Sie Ihre Disziplin

Das Wort *Disziplin* bedeutet, die schnelllebigen Freuden von heute einem größeren, langfristigen Ziel unterzuordnen. Disziplin ist der Preis, den Sie dafür zahlen müssen, dass Ihre Vision wahr werden kann.

Im *8. Weg* habe ich geschrieben:

> *Können Sie Klavier spielen? Ich nicht. Ich habe nicht die Freiheit, Klavier zu spielen. Ich habe mich nie dazu diszipliniert, ich habe lieber mit meinen Freunden gespielt, als zu üben, wie meine Eltern und mein Klavierlehrer es wollten. Ich glaube nicht, dass ich mich jemals als Klavierspieler gesehen habe. Daher hatte ich nie das Gefühl, was es bedeuten könnte: die Freiheit, wundervolle Kunst zu erschaffen, die mein ganzes Leben lang für mich selbst und für andere wertvoll sein könnte.*

Welche Fähigkeiten besitzen Sie, weil Sie die nötige Disziplin aufgebracht haben, um sie zu entwickeln?

_____

_____

_____

_____

Welche Fähigkeiten haben Sie nur deshalb nicht, weil Ihnen die nötige Disziplin dafür gefehlt hat? Wie fühlt sich das heute für Sie an?

_____

_____

_____

_____

Sehen Sie sich den schriftlichen Entwurf Ihrer Vision noch einmal an. Was können Sie nur mit Disziplin erreichen?

_____

_____

_____

_____

_____

So entdecken Sie Ihre Leidenschaft

Leidenschaft ist das innere Feuer, die Kraft der Überzeugung und der feste Wille, die Disziplin aufzubringen, die für die Verwirklichung Ihrer Vision nötig ist.

Was bringt Sie dazu, mit Begeisterung an einer Aufgabe dranzubleiben? Welche Leidenschaften haben Sie?

_____

_____

_____

_____

_____

_____

_____

_____

Was ist Ihre besondere Rolle, Ihre ganz spezielle Aufgabe in dieser Welt?

_____

_____

_____

_____

_____

Beschreiben Sie, wie Sie sich voller Begeisterung für ein Projekt engagiert haben – für etwas, das so überzeugend und so fesselnd war, dass Sie an nichts anderes mehr denken konnten:

_____

_____

_____

_____

_____

_____

Wenn wir eine Aufgabe haben, die ein Bedürfnis, unser Talent und unsere Leidenschaft miteinander verbindet, entfalten wir unsere ganze Kraft.

So folgen Sie Ihrem Gewissen

Das *Gewissen* ist unser ureigenstes moralisches Empfinden für Recht und Unrecht, der Drang zu Sinnhaftigkeit und eigenen Beiträgen. Es ist die innere Kraft, die unsere Vision, Disziplin und Leidenschaft lenkt. Lesen Sie das folgende Zitat noch einmal: »Wenn wir uns unsere Selbstachtung bewahren wollen, ist es besser, den Leuten zu missfallen und das zu tun, was wir als richtig erkannt haben, als ihnen vorübergehend zu gefallen und das zu tun, was wir als falsch erkannt haben.«

Bestimmt haben Sie sich auch schon einmal in einer ähnlichen Situation befunden. Welche langfristigen Folgen hat das gehabt? Wie hat sich das auf Sie ausgewirkt?

_____

_____

_____

_____

_____

Gehen Sie den schriftlichen Entwurf Ihrer Vision noch einmal durch. Ihr Gewissen liefert Ihnen das *Warum* für Ihre Vision. Beschreiben Sie, wie sich Ihr Gewissen in Ihrer Vision widerspiegelt:

_____

_____

_____

_____

Der Film »Stone«

Sehen Sie sich jetzt bitte den Film »Stone« auf der DVD, die dem *8. Weg* beiliegt, oder online an. Beantworten Sie dann die folgenden Fragen:

Wie schaffte es Stone, mit Hilfe seiner Geburts-Geschenke den in seiner Kultur stark verbreiteten Drang nach Rache zu überwinden?

___

___

___

___

___

___

Wie zahlte Stone durch Opfer und Disziplin den Preis, um seine Vision wahr zu machen?

___

___

___

___

___

___

___

___

Wie kümmerte Stone sich mit unermüdlicher Leidenschaft um die jungen Männer in seinem Land? Welche Ergebnisse konnte er erzielen?

_____

_____

_____

_____

Denken Sie an eine Situation, in der Sie ähnlich wie Stone absichtlich oder unabsichtlich verletzt oder eingeengt wurden. Beschreiben Sie diese Situation:

_____

_____

_____

_____

Welche Entscheidungen haben Sie damals getroffen, um mit der Situation umzugehen? Haben Sie Ihre Geburts-Geschenke genutzt oder haben Sie zugelassen, dass Ihr Verhalten von Verbitterung und dem Drang nach Rache bestimmt wurde?

_____

_____

_____

_____

Waren Sie in der Lage, den anderen zu verzeihen?

_____

_____

_____

_____

Wie hat es sich auf Ihr Leben ausgewirkt, dass Sie damals verziehen oder nicht verziehen haben?

_____

_____

_____

_____

Wie könnten Sie Ihre Geburts-Geschenke heute nachträglich nutzen, um besser mit dieser Situation umzugehen?

_____

_____

_____

_____

Allgemeine Zusammenfassung: So entdecken Sie Ihre innere Stimme

Was sind Ihre wichtigsten Werte?

_____

_____

_____

_____

_____

Auf welchen Prinzipien für effektive Lebensführung beruhen diese Werte?

_____

_____

_____

_____

_____

1. Ob in der Familie, in Ihrem privaten Umfeld oder im Job: Listen Sie in Spalte 1 auf der nächsten Seite mehrere wichtige Rollen in Ihrem Leben auf.
2. Notieren Sie in Spalte 2 die Bedürfnisse, die Sie in den einzelnen Rollen bei anderen spüren und die Sie erfüllen könnten.

3. Halten Sie in Spalte 3 die Talente fest, mit denen Sie diese Bedürfnisse erfüllen könnten.
4. Kreuzen Sie in Spalte 4 alle Zeilen an, denen Sie echte Leidenschaft entgegenbringen.
5. Kreuzen Sie in Spalte 5 alle Zeilen an, bei denen Ihr Gewissen – Ihr tiefes, inneres Ich – Sie zum Handeln antreibt.
6. Kennzeichnen Sie die Zeilen mit einem Sternchen, bei denen das von Ihnen wahrgenommene Bedürfnis sich mit Ihren Talenten, Ihrer Leidenschaft und Ihrem Gewissen überschneidet.

1. Rollen	2. Bedürfnisse	3. Talente	4. Leidenschaft	5. Gewissen

Stellen Sie sich vor, dass Sie Ihre innere Stimme nutzen, um in den Bereichen aktiv zu werden, die Sie mit einem Sternchen gekennzeichnet haben. Kehren Sie nun in Gedanken auf die Feier zu Ihrem 80. Geburtstag zurück. Wie wird Ihr Lebenswerk in diesen Bereichen aussehen?

_____

_____

_____

_____

_____

_____

_____

_____

_____

_____

_____

_____

_____

_____

_____

Setzen Sie Ihre neuen Erkenntnisse um!

Beschäftigen Sie sich im nächsten Monat mit einen Teil oder mit allen der folgenden Aktivitäten, um Ihre neuen Erkenntnisse im Privat- und Berufsleben anzuwenden:

- Denken Sie intensiv über Ihre einzigartige Aufgabe und Ihre besondere Rolle im Leben nach. Halten Sie im Journal am Ende dieses Workbooks die Vision oder die Träume fest, die Sie für sich haben. Schreiben Sie alles auf – auch die Dinge, die Ihnen im Moment vielleicht eher unwahrscheinlich erscheinen.

Tief in jedem menschlichen Herzen schlummert eine verborgene Sehnsucht, ein Impuls und Ehrgeiz, etwas Gutes, Dauerhaftes zu tun.
GRENVILLE KLEISER

- Denken Sie über einen Lebensbereich nach, in dem es Ihnen bisher an Disziplin gefehlt hat. Arbeiten Sie einen Monat lang konsequent an diesem Bereich. Machen Sie es sich leichter, die nötige Disziplin aufzubringen, indem Sie ihn mit Ihrer einzigartigen Aufgabe, Ihrer besonderen Rolle im Leben verbinden.

- Denken Sie über die Dinge nach, denen Sie Leidenschaft entgegenbringen – die Dinge, die Sie antreiben. Schreiben Sie alles im Journal am Ende dieses Workbooks auf.

- Ihr Gewissen spricht ständig mit Ihnen. Vielleicht hat es Ihnen ja gesagt, dass Sie sich auf irgendeine Weise verbessern oder Dinge korrigieren sollten, die Sie falsch gemacht haben? Wählen Sie einen Punkt, der Ihnen in letzter Zeit Gewissensbisse bereitet hat, schaffen Sie das Ganze aus der Welt.

Sehen Sie sich noch einmal die Übung »Zusammenfassung Teil 1: So entdecken Sie Ihre innere Stimme« auf Seite 73 in diesem Workbook an. Nutzen Sie Ihre Antworten, um einen Aktionsplan zu erstellen.

Rolle		
Bedürfnis, das ich sehe, das meine Leidenschaft weckt und mit meinem Gewissen in Einklang steht:		
Talente, mit denen ich das Bedürfnis erfüllen kann:		
AKTIONSPLAN: Beschreiben Sie die einzelnen Schritte, die Ihnen helfen, Ihre innere Stimme in dieser Rolle zu finden und das Bedürfnis zu erfüllen.		
Schritte	**Bis wann?**	**Wem bin ich dabei verantwortlich?**
1.		
2.		
3.		
4.		
5.		
6.		

Bringen Sie mindestens zwei anderen Menschen die Hauptideen dieses Kapitels näher. Schreiben Sie ihre Namen hier auf:

_____

_____

_____

_____

Erzählen Sie Freunden, Kollegen und Familienmitgliedern von Ihren Erkenntnissen. Schreiben Sie ihre Namen auf:

_____

_____

_____

_____

KAPITEL 6
Inspirieren Sie andere dazu, ihre innere Stimme zu finden: Die Herausforderung der Führung

> *In jedem Leben kommt es irgendwann vor, dass das innere Feuer erlischt. Durch die Begegnung mit einem anderen Menschen flammt es dann erneut auf. Wir alle sollten dankbar sein für jene Menschen, die den inneren Geist wieder entfachen.*
> ALBERT SCHWEITZER

Lesen Sie bitte die Seiten 117 bis 147 in *Der 8. Weg*. Machen Sie sich mit den dort beschriebenen Grundprinzipien vertraut oder sehen Sie sich die Zusammenfassung im Anhang dieses Workbooks an.

Überblick der Grundprinzipien

- *Führung* bedeutet, anderen so klar zu zeigen, welchen Wert und welches Potenzial sie haben, dass sie all das in sich selbst erkennen. Diese Botschaft wird meistens innerhalb einer Organisation vermittelt.

- *Organisationen* sind nichts anderes als Beziehungen mit einem gemeinsamen Ziel und Zweck. Ob Ehen, Familien, Vereine, Sportmannschaften oder Unternehmen: Wahrscheinlich gehören Sie mehreren Organisationen an. *Deshalb bezieht sich dieses Workbook auf alle Organisationen, von denen Sie ein Teil sind, und nicht nur auf Ihre Arbeit.*

- Die größte Herausforderung in allen Organisationen besteht darin, sie so zu gestalten und zu leiten, dass jeder seinen wahren Wert und sein gesamtes Potenzial erkennen und mit Hilfe seiner inneren Stimme Beiträge leisten kann. Genau das ist die Herausforderung und die *Schlüsselaufgabe bei der Führung einer Organisation.*

- In jeder Organisation sind Management und Führung erforderlich – *keiner dieser beiden Punkte kommt ohne den anderen aus.*

- Dinge müssen *gemanagt* und kontrolliert werden, doch Menschen muss man *führen.* Im Gegensatz zu Menschen haben Dinge nicht die Freiheit zu wählen. Deshalb müssen Sie Lagerbestände, Kosten, Systeme, Prozesse, Ressourcen, Informationen oder die Zeit managen. (Vielleicht erinnern Sie sich ja noch an meine schmerzvolle Lektion, dass ich die Unterstützung einer professionellen Managementberatung brauchte, um FranklinCovey profitabel zu machen? Die Lagerbestände konnte ich nicht führen, sie mussten gemanagt werden.)

- Wer eine Organisation richtig verstehen will, muss sich intensiv mit der menschlichen Natur befassen – er muss das *Paradigma der ganzen Person* und das Zusammenspiel von Körper, Verstand, Herz und Geist verstehen.

- Probleme kann man nicht mit Patentrezepten lösen. Um eine Lösung zu finden, muss man ihr *Wesen verstehen und ihre Wurzel kennen.*

- Es gibt *zwei Arten von Problemen – chronische* und *akute.*

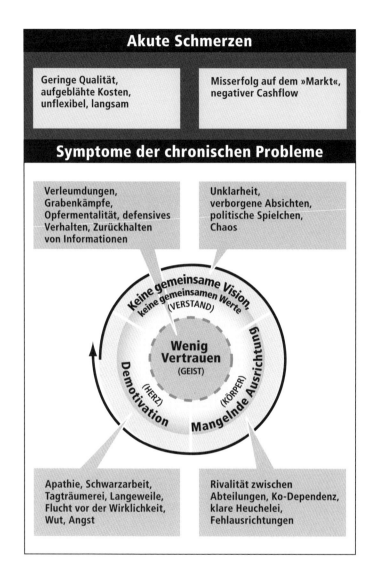

- Beschäftigen Sie sich immer zuerst mit den Symptomen der chronischen Probleme in Ihrer Organisation. Unternehmen können keinen Erfolg bei ihren Aktionären haben, solange sie keinen Erfolg am Markt haben. Am Markt können sie allerdings nur Erfolg haben, wenn sie Erfolg bei den Mitarbeitern haben. Ähnlich ist es auch in der Familie: Hier können Sie nur Erfolg haben, wenn Sie Erfolg bei sich selbst haben.

- Die typische Reaktion des Industriezeitalters auf chronische Probleme ist, dass der Chef noch mehr Regeln aufstellt, die Kontrolle verstärkt und höhere Effizienz verlangt. Die Reaktion im Zeitalter des Wissensarbeiters besteht dagegen darin, die vier Rollen effektiver Führung anzuwenden.

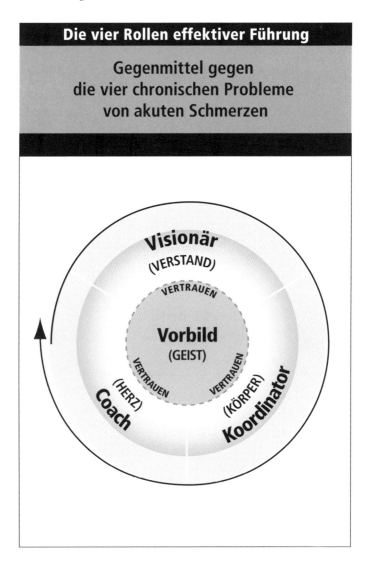

- Über die vier Rollen effektiver Führung können Sie andere dazu ermutigen, ihre innere Stimme zu finden und in Ihrer Organisation außergewöhnliche Leistungen zu erbringen. Das Ganze lässt sich in zwei Wörtern zusammenfassen: *Fokus* und *Umsetzung*. In diesem Workbook werden Sie sich noch eingehend mit diesen beiden Begriffen befassen.

Lernziele

Wenn Sie sich intensiv mit den Grundprinzipien aus diesem Kapitel befassen und sie konsequent umsetzen, werden Sie:

- wissen, wann Sie managen und wann Sie führen müssen.
- verstehen, wie Sie Ihren eigenen Einfluss und den Einfluss Ihrer Organisation vergrößern können.
- den Unterschied zwischen chronischen und akuten Problemen kennen.
- chronische Probleme in Ihrer Organisation oder Ihren Beziehungen aufdecken und einen Aktionsplan aufstellen, um sie zu verringern oder komplett aus der Welt zu schaffen.
- die Auswirkungen der sieben globalen seismischen Verschiebungen verstehen und richtig darauf reagieren können.
- Ihren Fokus und Ihre Umsetzung durch die Anwendung der vier Rollen effektiver Führung verbessern.

So definieren Sie Ihre Rollen beim Führen und Managen

Listen Sie die wichtigsten Tätigkeiten auf, mit denen Sie sich Woche für Woche beschäftigen. Ob Familie, Beruf oder Verein: Greifen Sie Dinge heraus, die Sie als Mitglied verschiedener Organisationen erledigen. Geben Sie dann bei jeder Aufgabe an, ob Sie hier eher führen oder managen. Gehen Sie Ihre Tabelle dann noch einmal durch und überlegen Sie, ob Sie dort, wo Sie eigentlich führen müssten, fälschlicherweise managen – oder umgekehrt. Ist das bei einigen Punkten der Fall? Dann schreiben Sie gleich auf, wie Sie Ihr Verhalten hier ändern werden. Sie wissen ja: *Dinge muss man managen, Menschen dagegen führen.*

Aufgabe	Führen oder managen?	Ist das hier wirklich angebracht?	Welche Veränderungen sollten Sie vornehmen?

So verstehen Sie Führung und Management

Denken Sie an einen früheren Vorgesetzten, der ein besonders guter Manager, aber eine schlechte Führungskraft war. Wie haben Sie sich gefühlt, als Sie für ihn gearbeitet haben? Wie war Ihre Arbeit damals? Welche Ergebnisse erreichte Ihr Team, welche nicht?

_____

_____

_____

_____

_____

Denken Sie jetzt an einen früheren Chef, der eine gute Führungskraft war, aber nicht managen konnte. Wie haben Sie sich gefühlt, als Sie für ihn gearbeitet haben? Wie war Ihr Arbeitsplatz damals? Welche Ergebnisse erreichte Ihr Team, welche nicht?

_____

_____

_____

_____

_____

_____

_____

Kennen Sie jemanden, der sowohl ein guter Manager als auch eine gute Führungskraft ist? Wie haben Sie sich gefühlt, als Sie für diese Person gearbeitet haben? Wie war Ihre Arbeit damals? Welche Ergebnisse erreichte Ihr Team, welche nicht?

_____

_____

_____

_____

_____

_____

_____

_____

So meistern Sie die Herausforderung bei der Führung

Organisationen sind nichts anderes als Beziehungen mit einem gemeinsamen Ziel und Zweck (einer Stimme). Ob Familie, Verein, Sportmannschaft oder Unternehmen: Fast jeder gehört mehreren Organisationen an. Tragen Sie in der linken Spalte einige der Organisationen ein, von denen Sie ein Teil sind.

Die größte Herausforderung in allen Organisationen besteht darin, sie so zu gestalten und zu leiten, dass jeder seinen wahren Wert und sein gesamtes Potenzial erkennen und mit Hilfe seiner inneren Stimme Beiträge leisten kann. Genau das ist die *Schlüsselaufgabe bei der Führung einer Organisation*.

Halten Sie in der rechte Spalte Ihre Ideen fest, wie Sie in den von Ihnen genannten Organisationen Ihre Führungsaufgaben erfüllen können.

Organisationen, denen Sie angehören	Wie können Sie als Mitglied dieser Organisation Ihre Führungsaufgaben erfüllen?

So verstehen Sie die Auswirkungen der sieben globalen seismischen Verschiebungen

Sehen Sie sich die sieben globalen seismischen Verschiebungen ab Seite 125 im *8. Weg* noch einmal an. Füllen Sie dann die folgende Tabelle aus. Es könnte sein, dass Sie bei dieser Übung weitere Nachforschungen anstellen oder mit Mitgliedern aus Ihrem Team zusammenarbeiten müssen.

Seismische Verschiebung	Welche Auswirkungen hat das auf Ihr Team?	Wie könnten mögliche Reaktionen aussehen?
Globalisierung der Märkte und Technologien		
Entstehung einer weltweiten Konnektivität		
Demokratisierung der Informationen		
Exponentielles Wachstum des Wettbewerbs		
Verlagerung vom finanziellen zum intellektuellen und sozialen Kapital		
Zunehmende Selbstvermarktung		
Permanentes Wildwasser		

Der Film »Permanentes Wildwasser«

Sehen Sie sich jetzt bitte den Film »Permanentes Wildwasser« auf der DVD, die dem *8. Weg* beiliegt, oder online an.
Auf welche drei Konstanten können Sie sich beim Umgang mit Herausforderungen verlassen?

_____

_____

_____

Wie könnten Sie als Führungskraft jemanden aus Ihrem Team auf den Umgang mit einer Wildwasser-Umgebung vorbereiten? Welches Urteilsvermögen müsste der Betreffende haben? Welche Fähigkeiten? Welches Training? Welche Flexibilität? Welche Beziehungen? Welches Vertrauen? Welche Hilfsmittel?

_____

_____

_____

So erkennen Sie die vier chronischen Probleme und ihre Symptome frühzeitig

Das Paradigma der ganzen Person hilft Ihnen, die größten Probleme in Ihrem Leben, Ihrem Unternehmen, Ihrer Abteilung oder Ihrem Team frühzeitig abzusehen und zu analysieren. Wenn Führungskräfte dieses Paradigma nicht verinnerlicht haben, richten sie Systeme (zum Beispiel für Kommunikation, Personalauswahl, Gehälter oder Bonuszahlungen) ein. Diese können das Potenzial der Mitarbeiter jedoch nicht richtig ausschöpfen, wenn sie nicht im Einklang mit dem Leitbild, den Grundwerten und der Strategie des Unternehmens, des Teams oder der Familie stehen.

Nehmen Sie die folgende Abbildung und ziehen Sie einen Kreis um die Symptome chronischer Probleme, die Sie in Ihrem Unternehmen oder Ihrem Team sehen.

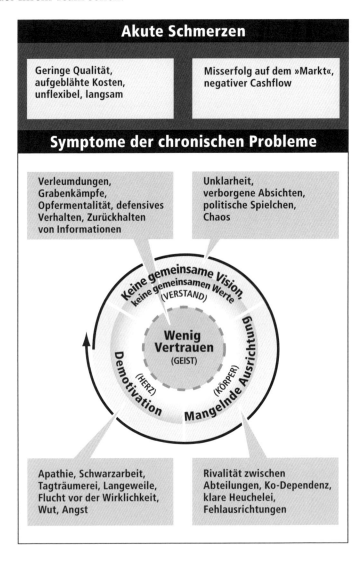

Jedes der Symptome entspricht einer der vier Rollen effektiver Führung. Füllen Sie die folgende Tabelle aus, um Lösungsmöglichkeiten für die Probleme zu finden.

Paradigma der ganzen Person	Symptome chronischer Probleme	Chronische Probleme	Lösungsmöglichkeiten: die vier Rollen effektiver Führung
Verstand		Keine gemeinsame Vision, keine gemeinsamen Werte	
Körper		Keine klare Ausrichtung	
Herz		Mangelnde Motivation	
Geist		Wenig Vertrauen	

Sie haben jetzt die Probleme ermittelt, denen Ihr Unternehmen oder Team sich gegenübersieht. Später werden Sie mehr darüber erfahren, wie Sie diese Schwierigkeiten erfolgreich meistern.

Wenn Sie unterschiedliche Farben verwenden, können Sie diese Übung auch für andere Organisationen, denen Sie angehören, nutzen.

So ermitteln Sie die wahren Kosten von chronischen Problemen

Beantworten Sie im Zusammenhang mit den Symptomen der chronischen Probleme, die Sie in der obigen Tabelle ermittelt haben, bitte die folgenden Fragen. Um die wahren Kosten der einzelnen Probleme ermitteln zu können, werden Sie wahrscheinlich mit einigen Kollegen zusammenarbeiten, sich weitere Informationen beschaffen oder eine Taskforce bilden müssen.

Problem: Keine gemeinsame Vision / keine gemeinsamen Werte

Wie können Sie die Kosten dieses Problems messen?

_____

_____

_____

Wie hoch sind sie?

_____

_____

_____

Wie hoch dürften sie Ihrer Ansicht nach sein?

_____

_____

_____

Wie groß ist die Differenz?

_____

_____

Wie hoch ist der Wert der Differenz im Lauf der Zeit (über Monate und Jahre)?

_____

_____

_____

_____

Problem: Mangelnde Ausrichtung

Wie können Sie die Kosten dieses Problems messen?

_____

_____

_____

Wie hoch sind sie?

_____

_____

_____

Wie hoch dürften sie Ihrer Ansicht nach sein?

_____

_____

_____

Wie groß ist die Differenz?

_____

_____

_____

Wie hoch ist der Wert der Differenz im Lauf der Zeit (über Monate und Jahre)?

_____

_____

_____

Problem: Mangelnde Motivation

Wie können Sie die Kosten dieses Problems messen?

_____

_____

_____

Wie hoch sind sie?

_____

_____

_____

Wie hoch dürften sie Ihrer Ansicht nach sein?

_____

_____

_____

Wie groß ist die Differenz?

_____

_____

_____

Wie hoch ist der Wert der Differenz im Lauf der Zeit (über Monate und Jahre)?

_____

_____

_____

Problem: Wenig Vertrauen

Wie können Sie die Kosten dieses Problems messen?

_____

_____

_____

Wie hoch sind sie?

_____

_____

_____

Wie hoch dürften sie Ihrer Ansicht nach sein?

_____

_____

_____

Wie groß ist die Differenz?

_____

_____

_____

Wie hoch ist der Wert der Differenz im Lauf der Zeit (über Monate und Jahre)?

_____

_____

_____

Setzen Sie Ihre neuen Erkenntnisse um!

Beschäftigen Sie sich im nächsten Monat mit einem Teil oder mit allen der folgenden Aktivitäten, um Ihre neuen Erkenntnisse im Privat- und Berufsleben anzuwenden:

- Machen Sie die Übung zur Ermittlung der wahren Kosten der chronischen Probleme für Ihr Team. Sprechen Sie dann mit Ihrem Team über die Ergebnisse. Halten Sie Ihre Gegenmaßnahmen und Ihre Fortschritte im Journal am Ende dieses Workbooks fest.
- Machen Sie die Übung zu den Auswirkungen der sieben globalen seismischen Verschiebungen. Sprechen Sie dann mit Ihrem Team über die Ergebnisse. Halten Sie Ihre Fortschritte im Journal am Ende dieses Workbooks fest.
- Sehen Sie sich Ihre Antworten auf die Fragen zum Film »Permanentes Wildwasser« noch einmal an. Stellen Sie einen Aktionsplan auf, um der Person, an die Sie bei dieser Übung gedacht haben, zu helfen, mit dem Wildwasser fertigzuwerden.
- Lesen Sie *Die Welt ist flach: Eine kurze Geschichte des 21. Jahrhunderts (The World Is Flat: A Brief History of the Twenty-First Century)* von Thomas L. Friedman.
- Kennen Sie jemanden, der seine innere Stimme noch nicht gefunden hat? Behalten Sie diese Person im Hinterkopf, während Sie dieses Workbook weiter durcharbeiten. Versuchen Sie, diesem Menschen dabei zu helfen, seine innere Stimme zu entdecken.
- Bringen Sie mindestens zwei anderen Menschen die Hauptideen dieses Kapitels näher. Schreiben Sie ihre Namen hier auf:

  _____

  _____

- Erzählen Sie Freunden, Kollegen und Familienmitgliedern von Ihren Erkenntnissen. Schreiben Sie ihre Namen auf:

  _____

  _____

KAPITEL 7

Die Stimme des Einflusses: Ein Trimmruder sein

> *Führungskräfte vom Trimmruder-Typ sind wie Leuchttürme, nicht wie Wetterfahnen: Sie sind konstante, verlässliche Lichtquellen, sie hängen ihr Mäntelchen nicht nach jedem gesellschaftlichen Wind.*

Lesen Sie bitte die Seiten 151 bis 173 in *Der 8. Weg*. Machen Sie sich mit den dort beschriebenen Grundprinzipien vertraut oder sehen Sie sich die Zusammenfassung im Anhang dieses Workbooks an.

Überblick der Grundprinzipien

- *Ein Vorbild zu sein* ist das zentrale Anliegen, wenn es um Führung geht.
- Wenn Sie ein Vorbild sein wollen, müssen Sie sich durch *vier Verhaltensweisen auszeichnen*:
  – Ein Trimmruder sein (mehr dazu erfahren Sie in diesem Kapitel).
  – Vertrauenswürdig sein: Charakterstärke und Kompetenz vorleben (siehe Kapitel 8).
  – Vertrauen aufbauen (siehe Kapitel 9).
  – Nach der dritten Alternative suchen (siehe Kapitel 10).
- *Vertrauenswürdige Menschen,* Vorbilder oder Trimmruder kann man daran erkennen, dass andere sie nach ihrer Meinung fragen, ihre Ansichten respektieren und ihre Erfahrung schätzen.

- Vorbild zu sein ist nicht nur die Aufgabe des Einzelnen, sondern eine Herausforderung für das ganze Team. Teams, die sich optimal ergänzen, bauen auf den Stärken jedes Teammitglieds auf und organisieren sich so, dass individuelle Schwächen nicht mehr ins Gewicht fallen.
- Ihre *Stimme des Einflusses* nutzen Sie, wenn Sie Ihrem inneren Drang folgen, etwas Wichtiges zu bewirken. Sie beruht auf Ihrer Einstellung und Ihrer Entscheidung, dieser Stimme Beachtung zu schenken und Ihren Einfluss auf die Menschen und Dinge auszudehnen, die Ihnen besonders am Herzen liegen.
- Die *griechische Philosophie* erklärt sehr gut, wie Sie Ihren Einfluss ausweiten können, indem Sie *Ethos, Pathos* und *Logos* entwickeln. *Ethos* ist Ihr moralisches Ich: der Teil von Ihnen, der Glaubwürdigkeit vorlebt und Vertrauen aufbaut. *Pathos* ist Ihr empathisches Ich: der Teil, der andere verstehen will. *Logos* ist Ihr logisches Ich: der Teil, der danach strebt, von anderen verstanden zu werden.
- Ein *Trimmruder* ist das kleine Ruder am großen Ruder eines Schiffs oder Flugzeugs, das es leichter macht, es zu bewegen. Führungskräfte vom Trimmruder-Typ weiten ihren Einfluss unabhängig von ihrer Position aus. Sie treffen positive, effektive Entscheidungen und ergreifen die Initiative.
- Ihr *Interessenbereich* umfasst die Dinge, mit denen Sie sich beschäftigen – beispielsweise die obersten Unternehmensentscheidungen in Ihrer Organisation, Aktienkurse oder Politik. Ihr *Einflussbereich* besteht aus den Dingen, die Sie selbst in der Hand haben – dazu zählen Ihre Produktivität, Ihr Team, Ihre Abteilung oder Ihre Ausgaben.
- Die auf der nächsten Seite abgebildeten sieben Ebenen der Initiative oder Selbstbefähigung zeigen die verschiedenen Möglichkeiten, die uns offenstehen, wenn wir eine Aufgabe meistern wollen. Welche Ebene wir nutzen, hängt davon ab, inwieweit die Aufgabe innerhalb oder außerhalb unseres Einflussbereichs liegt.

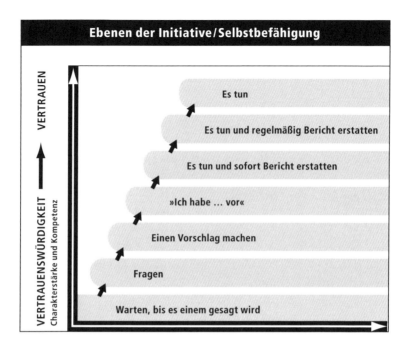

- Herauszufinden, welche Ebene die richtige ist, erfordert eine gute Wahrnehmung und eine genaue Einschätzung der Situation. Wenn Sie hier kluge Entscheidungen treffen, können Sie bei anderen Vertrauen aufbauen und dadurch Ihren Einflussbereich erweitern. Dazu müssen Sie allerdings genau wissen, was Sie tun sollten, wie Sie es tun sollten, wann Sie es tun sollten, und – das ist vielleicht der wichtigste Punkt – weshalb Sie es tun sollten.

Lernziele

Wenn Sie sich intensiv mit den Grundprinzipien aus diesem Kapitel befassen und sie konsequent umsetzen, werden Sie:

- verstehen, wie wichtig es ist, ein Vorbild für andere zu sein.
- lernen, wie Sie innerhalb Ihres Einflussbereichs arbeiten können.
- Entscheidungen treffen, die auf den sieben Ebenen der Initiative beruhen.

- erkennen, auf welcher Ebene Ihr Einfluss momentan liegt und wie Sie ihn gezielt ausbauen können.
- wissen, wie Sie ein Trimmruder werden, weshalb das wichtig ist und wie Sie die entsprechenden Fähigkeiten anwenden können.
- Pathos entwickeln.
- die fünf krebsartigen Verhaltensweisen und geeignete Gegenreaktionen kennen.

Wie groß ist Ihr Einfluss?

Der Einfluss von Führungskräften vom Trimmruder-Typ übersteigt oft ihre rein formale Autorität. Man kann sie daran erkennen, dass sie hohes Ansehen in ihrer Abteilung, in ihrem Team oder ihrer Organisation genießen. Finden Sie heraus, wie groß Ihr Einfluss ist – machen Sie die folgende Übung und kreuzen Sie bei jeder Frage das Feld an, das am ehesten auf Sie zutrifft: Schlüssel: 1 = nie, 2 = selten, 3 = oft, 4 = gewöhnlich, 5 = immer.

	1	2	3	4	5
Legt man in Ihrer Organisation Wert auf Ihre Meinung?					
Beschreiben Sie ein Beispiel, das Ihre Einschätzung belegt.					
Werden Ihre Vorschläge von anderen angenommen?					
Beschreiben Sie ein Beispiel, das Ihre Einschätzung belegt.					
Schätzen andere Ihre Erfahrung?					
Beschreiben Sie ein Beispiel, das Ihre Einschätzung belegt.					

	1	2	3	4	5
Sind Sie maßgeblich daran beteiligt, die strategische Ausrichtung Ihres Unternehmens oder Ihres Team festzulegen?					
Beschreiben Sie ein Beispiel, das Ihre Einschätzung belegt.					
Können Sie sich uneingeschränkt mit der Vision Ihres Unternehmens oder Ihres Teams identifizieren?					
Beschreiben Sie ein Beispiel, das Ihre Einschätzung belegt.					
Baut Ihr Team auf den Stärken der einzelnen Mitglieder auf, sodass individuelle Schwächen keine große Rolle spielen?					
Beschreiben Sie ein Beispiel, das Ihre Einschätzung belegt.					

Haben Sie einige Fragen mit Nein beantwortet? Das macht nichts! Die Übungen in diesem Workbook werden Ihnen helfen, etwaige Lücken zu schließen. Natürlich können Sie diesen Fragebogen auch verwenden, um herauszufinden, wie groß Ihr Einfluss innerhalb Ihrer Familie oder in irgendeiner anderen Organisation ist.

So nutzen Sie die Kraft Ihres Einflusses

Beschreiben Sie eine Situation, in der Sie sich als Opfer eines unfähigen Chefs, einer unguten Beziehung oder einer unerträglichen Situation gefühlt haben:

_____

_____

_____

_____

Lesen Sie das folgende Zitat noch einmal: »Wer sich als Opfer fühlt, gibt seine Zukunft her.« Weshalb haben Sie sich in dieser Situation als Opfer gefühlt?

_____

_____

_____

_____

Wie hätten Sie besser auf das Verhalten des anderen reagieren können?

_____

_____

_____

_____

So werden Sie ein Trimmruder

Seien Sie einfühlsam, klug und vorsichtig – aber unternehmen Sie unbedingt etwas gegen Ihre Situation! Jammern Sie nicht, gehen Sie nicht zu hart mit sich selbst ins Gericht und seien Sie nicht negativ. Begehen Sie auch nicht den Fehler, sich von jeglicher Verantwortung freizusprechen oder andere für Fehlschläge verantwortlich zu machen.

Lesen Sie die Geschichte über die 20 Versicherungsvertreter im *8. Weg* auf den Seiten 155 bis 157. Die Vertreter schaffen es, mit Hilfe ihrer moralischen Autorität positive Veränderungen in Gang zu setzen. Das konnten sie allerdings nur, weil sie Ethos entwickelten, vertrauenswürdig waren und Glaubwürdigkeit ausstrahlten.

Wer ein Trimmruder werden will, braucht Ethos. Er muss glaubwürdig sein. Denken Sie an Ihr Team, Ihr Unternehmen oder Ihre Familie. Setzen Sie ein X auf die Linie, um einzugrenzen, wie viel Vertrauens- und Glaubwürdigkeit Sie Ihrer Meinung nach besitzen. Sicher hilft es Ihnen, wenn Sie noch einmal über Ihre Antworten auf die Fragen bei der Übung über die Größe Ihres Einflusses auf Seite 101/102 nachdenken.

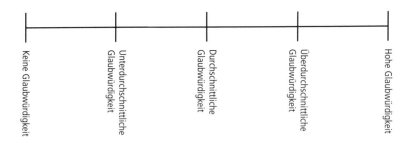

Falls Sie »keine« oder »unterdurchschnittliche Glaubwürdigkeit« mit einem X gekennzeichnet haben, dann überlegen Sie: Was können Sie tun, um Vertrauen aufzubauen und mehr Glaubwürdigkeit zu gewinnen?

_____

_____

_____

Wenn Sie mindestens »durchschnittliche Glaubwürdigkeit« angekreuzt haben, können Sie den nächsten Schritt machen.

Notieren Sie einige Probleme in Ihrem Team, Ihrem Unternehmen oder Ihrer Familie, mit denen Sie sich näher befassen wollen.

_____

_____

_____

_____

_____

_____

_____

_____

_____

_____

_____

_____

Welche dieser Probleme liegen weit außerhalb Ihres Einflussbereichs? Kennzeichnen Sie diese Punkte mit einem X.

Welche Probleme liegen innerhalb Ihres Einflussbereichs? Markieren Sie diese Punkte mit einem Kreis – wählen Sie dann ein Problem aus.

Welche Betroffenen oder Entscheider spielen bei diesem Problem eine zentrale Rolle?

_____

_____

_____

_____

_____

Wer könnte Ihnen dabei helfen, dieses Problem aus der Welt zu schaffen? Suchen Sie eine Person aus, die hohes Ethos besitzt – also eine große Vertrauens- und Glaubwürdigkeit hat.

_____

_____

_____

_____

_____

_____

Wie können Sie gegenüber den verschiedenen Betroffenen oder Entscheidern Pathos zeigen? Oder anders ausgedrückt: Was werden Sie diesen Leuten sagen, um ihnen zu zeigen, dass Sie ihren Standpunkt zu diesem Problem wirklich verstehen?

_____

_____

_____

_____

_____

_____

_____

_____

Wenn die Entscheider sich verstanden fühlen, ist es an der Zeit, ihnen gegenüber Logos zu zeigen. Wie werden Sie das machen? Was für einen Plan wollen Sie ihnen vorschlagen? Welche Wege wollen Sie aufzeigen, um alle mit der Problemlösung verbundenen Herausforderungen zu meistern?

Schreiben Sie im Journal am Ende dieses Workbooks auf, was passiert ist, nachdem Sie mit den Entscheidungsträgern gesprochen haben. Halten Sie fest, was gut gelaufen ist. Notieren Sie aber auch, was Sie beim nächsten Mal besser machen können.

Spielen Sie das Ganze anschließend mit einem anderen Problem innerhalb Ihres Einflussbereichs durch, den Sie auf der vorhergehenden Seite mit einem Kreis gekennzeichnet haben.

So entwickeln Sie Ethos, Pathos und Logos

Denken Sie an ein Problem, das Sie privat oder beruflich mit einem anderen Menschen haben:

1. Schreiben Sie möglichst genau auf, wie der andere die Sache sieht, und warum das so ist. Beschreiben Sie seine Gefühle, Ängste und Ziele:

   _____

   _____

   _____

2. Falls das möglich ist: Sprechen Sie mit dem anderen über das, was Sie notiert haben. Zeigen Sie ihm, dass Sie seinen Standpunkt nachvollziehen können. Achten Sie darauf, dass er sich verstanden fühlt, bevor Sie den nächsten Schritt machen.

3. Erklären Sie dem anderen Ihre Sicht der Dinge. Versuchen Sie, gemeinsam eine Lösung für das Problem zu finden, die für Sie beide ein Gewinn ist.

4. Halten Sie die Ergebnisse im Journal am Ende dieses Workbooks fest. Konnten Sie die angestrebten Ziele oder wenigstens eine Verbesserung erreichen? Haben Sie eine bessere Beziehung zu der anderen Person aufgebaut? Werden Sie die hier beschriebene Problemlösungstechnik wieder anwenden?

So verstehen Sie die sieben Ebenen der Initiative oder Selbstbefähigung

Welche Ebene der Initiative wir nutzen, hängt davon ab, inwieweit sich eine Aufgabe innerhalb oder außerhalb unseres Einflussbereichs befindet. Wenn Sie sich für die richtige Ebene entscheiden, können

Sie positiv auf Menschen in Ihrem Einflussbereich einwirken und Aufgaben, die Ihnen eigentlich nicht besonders liegen, wesentlich besser meistern.

Halten Sie in der folgenden Tabelle die Vor- und Nachteile der verschiedenen Ebenen fest. Überlegen Sie, in welchen Situationen bestimmte Verhaltensweisen besonders hilfreich sind. Denken Sie darüber nach, welche Ebenen auf dem Paradigma der ganzen Person beruhen. Eine ausführliche Beschreibung der verschiedenen Ebenen finden Sie auf den Seiten 159 bis 168 im *8. Weg*.

Ebene der Initiative / Selbstbefähigung	Vor- und Nachteile
Warten, bis es einem gesagt wird	Vorteile Nachteile
Fragen	Vorteile Nachteile
Einen Vorschlag machen	Vorteile Nachteile
»Ich habe … vor«	Vorteile Nachteile
Es tun und sofort Bericht erstatten	Vorteile Nachteile
Es tun und regelmäßig Bericht erstatten	Vorteile Nachteile
Es tun	Vorteile Nachteile

So erkennen Sie die fünf krebsartigen Verhaltensweisen

Sind in Ihrem Unternehmen, Ihrem Team oder in Ihrer Familie *regelmäßig* eine oder mehrere der fünf krebsartigen Verhaltensweisen zu beobachten? Gehen Sie die folgende Tabelle durch und kennzeichnen Sie diese Verhaltensmuster mit einem Kreis.

Fünf krebsartige Verhaltensweisen
▶ Kritisieren
▶ Klagen
▶ Vergleichen
▶ Konkurrieren
▶ Streiten

Legen Sie selbst regelmäßig eine oder mehrere dieser Verhaltensweisen an den Tag? Ja? Welche sind das?

_____

_____

_____

Wie reagieren andere dann auf Sie?

_____

_____

_____

Wie reagieren Sie selbst, wenn andere Ihnen gegenüber eines dieser Verhaltensmuster zeigen?

_____

_____

_____

_____

Konnten Sie keine einzige der fünf krebsartigen Verhaltensweisen bei sich selbst feststellen? Herzlichen Glückwunsch! Falls aber doch, sollten Sie sich deswegen keine Sorgen machen. Wenn Sie die Übungen aus diesem Workbook in den nächsten zwölf Monaten konsequent umsetzen, können Sie diese Verhaltensmuster auf ein Minimum reduzieren oder sogar ganz ablegen.

Setzen Sie Ihre neuen Erkenntnisse um!

Beschäftigen Sie sich im nächsten Monat mit einem Teil oder mit allen der folgenden Aktivitäten, um Ihre neuen Erkenntnisse im Privat- und Berufsleben anzuwenden:

- Achten Sie beruflich wie privat genau darauf, in welchen Situationen Sie eine Trimmruder-Mentalität entwickeln könnten. Nutzen Sie diese Gelegenheiten konsequent. Seien Sie ein Vorbild für die Verhaltensweisen, die Sie gerne bei anderen sehen würden. Halten Sie die Auswirkungen der Trimmruder-Mentalität im Journal am Ende dieses Workbooks fest.

- Achten Sie in den nächsten vier Wochen bei sich selbst und bei anderen auf die fünf krebsartigen Verhaltensweisen. Kritisieren, Klagen, Vergleichen, Konkurrieren, Streiten: Beobachten Sie die Auswirkungen dieser Verhaltensmuster und vermeiden Sie diese ganz bewusst. Ermutigen Sie auch andere, die fünf krebsartigen

Verhaltensweisen abzulegen. Dabei helfen Ihnen die folgenden Tipps: Wechseln Sie das Thema oder weisen Sie darauf hin, wie schädlich negative Verhaltensmuster für ein Unternehmen oder ein Team sind. Erklären Sie den anderen, welche Vorteile es bringt, wenn sie die fünf krebsartigen Verhaltensweisen meiden und stattdessen zum Trimmruder werden. Halten Sie Ihre Beobachtungen im Journal am Ende dieses Workbooks fest.

- Erzählen Sie Ihrer Familie oder Ihren Kollegen die Geschichte vom Trimmruder und ermutigen Sie alle dazu, eine Trimmruder-Mentalität zu entwickeln. Rufen Sie einen Trimmruder-Preis ins Leben und zeichnen Sie die Gewinner mit einem Anker, einem Kompass, einem Ruder oder einem kleinen Spielzeugboot aus. Fordern Sie die anderen auf, Leute für den Trimmruder-Preis vorzuschlagen – natürlich kann es auch mehrere Gewinner geben.

- Wenn man Ihnen eine Aufgabe überträgt oder Ihr Team vor einer Herausforderung steht, sollten Sie alles im Hinblick auf die sieben Ebenen der Initiative durchdenken. Was ist die beste Aktionsebene? Wie können Sie Ihre Grenzen effektiv ausdehnen? Wie gehen Sie am besten vor?

- Sehen Sie sich Ihre Antworten bei der Übung »So werden Sie ein Trimmruder« auf Seite 105 noch einmal an. Arbeiten Sie konsequent daran, die Probleme, die Sie dort aufgeführt haben, aus der Welt zu schaffen.

- Bringen Sie mindestens zwei anderen Menschen die Hauptideen dieses Kapitels näher. Schreiben Sie ihre Namen hier auf:

_____

_____

_____

- Erzählen Sie Freunden, Kollegen und Familienmitgliedern von Ihren Erkenntnissen. Schreiben Sie ihre Namen auf:

_____

_____

_____

_____

_____

KAPITEL 8
Die Stimme der Vertrauenswürdigkeit: Als Vorbild Charakterstärke und Kompetenz vorleben

90 Prozent aller Misserfolge bei der Führung sind charakterbedingt.

Lesen Sie bitte die Seiten 174 bis 191 in *Der 8. Weg*. Machen Sie sich mit den dort beschriebenen Grundprinzipien vertraut oder sehen Sie sich die Zusammenfassung im Anhang dieses Workbooks an.

Überblick der Grundprinzipien

- Wenn Sie ein Vorbild sein wollen, müssen Sie sich durch *vier Verhaltensweisen auszeichnen*:
  - Ein Trimmruder sein (siehe Kapitel 7).
  - Vertrauenswürdig sein: Charakterstärke und Kompetenz vorleben (das ist das Thema dieses Kapitels).
  - Vertrauen aufbauen (siehe Kapitel 9).
  - Nach der dritten Alternative suchen (siehe Kapitel 10).

- Vertrauen ist der Kitt, der Teams und Beziehungen zusammenhält. Es wird *geteilt und erwidert*.

- *Vertrauen können Sie sich auf zweifache Weise verdienen:* indem Sie anderen Ihr Vertrauen schenken und Integrität zum Maßstab Ihres Handelns machen.

- Vertrauenswürdigkeit erwächst aus *Charakter* und *Kompetenz*.

- *Charakter* besteht aus:
  - *Integrität*: Man hält die Versprechen, die man sich selbst und anderen gibt.
  - *Reife*: Man verbindet Mut und Mitgefühl.
  - *Überfluss-Mentalität*: Man sieht das Leben nicht als Wettkampf, in dem es nur einen Gewinner geben kann, sondern als Fülle verschiedenster Chancen, Ressourcen und wachsenden Wohlstands.

- *Kompetenz* umfasst drei Bereiche:
  - *Technische Kompetenz:* das Wissen und die Fähigkeiten, die zur Erfüllung einer bestimmten Aufgabe erforderlich sind.
  - *Konzeptuelle Kompetenz:* die Fähigkeit, strategisch zu denken und das große Ganze zu sehen.
  - *Interdependenz:* das Wissen, dass alles im Leben miteinander verbunden ist und die Teile das Ganze beeinflussen.

- Weisheit und Urteilsvermögen entstehen dort, wo Charakter und Kompetenz sich überschneiden.

- Sie können in Ihren Beziehungen keine Fortschritte machen, solange in Ihrem Leben Chaos herrscht oder Sie nicht vertrauenswürdig sind. *Wenn Sie etwas verbessern wollen, müssen Sie bei sich selbst anfangen.*

- Ein Vorbild zu sein bedeutet, die 7 Wege zur Effektivität vorzuleben. Die drei ersten Wege kann man folgendermaßen zusammenfassen: *Versprechen geben und halten.* Die nächsten drei Wege so: *Die anderen Leute in das Problem einbeziehen und gemeinsam eine Lösung finden.* Der siebte Weg hilft uns, die vier menschlichen Grunddimensionen Körper, Verstand, Herz und Geist zu erneuern und den Teamgeist in unseren Organisationen zu stärken.

In den 7 Wegen verkörperte Prinzipien und Paradigmen		
Weg	Prinzip	Paradigma
❶ Pro-aktiv sein	Verantwortlichkeit / Initiative	Selbstbestimmtheit
❷ Schon am Anfang das Ende im Sinn haben	Vision / Werte	Zwei Schöpfungen / Fokus
❸ Das Wichtigste zuerst tun	Integrität / Umsetzung	Priorität / Handeln
❹ Gewinn / Gewinn denken	Gegenseitiger Respekt / Vorteil	Überfluss
❺ Erst verstehen, dann verstanden werden	Gegenseitiges Verstehen	Rücksicht, Mut
❻ Synergien schaffen	Kreative Kooperation	Die Unterschiede wertschätzen
❼ Die Säge schärfen	Erneuerung	Ganze Person

- Die 7 Wege sind Charakterprinzipien, die bestimmen, *wer und was Sie sind*.

- Vorbild, Visionär, Coach und Koordinator: Die vier Rollen effektiver Führung umfassen alles, *was Sie* als Führungspersönlichkeit *tun*, um andere dazu zu motivieren, ihre innere Stimme zu finden.

- Damit Sie ein Vorbild für andere sein können, müssen Sie zunächst bei sich selbst beginnen und herausfinden, was für Sie persönlich am wichtigsten ist. Der nächste Schritt ist, sicherzustellen, dass Sie sich voll und ganz auf diese Dinge konzentrieren.

- Ein *persönliches Planungssystem* hilft Ihnen dabei, ein Vorbild für andere zu werden.

- Ermitteln Sie zunächst Ihre *persönliche Mission* und Ihre *Werte*. Bestimmen Sie dann Ihre wichtigsten *Rollen* – beispielsweise als Freund, Kollege oder Familienmitglied.

- Setzen Sie sich jede Woche *Ziele*, die an Ihren Werten und Rollen ausgerichtet sind.

- Berücksichtigen Sie bei Ihrer *Wochenplanung* zuerst die *großen Steine* – geben Sie den Dingen, die in Ihrem Leben am wichtigsten sind, klar Vorrang.

- Arbeiten Sie bei Ihrer *Tagesplanung* mit realistischen Aufgabenlisten, setzen Sie eindeutige Prioritäten und legen Sie konkrete Termine fest.

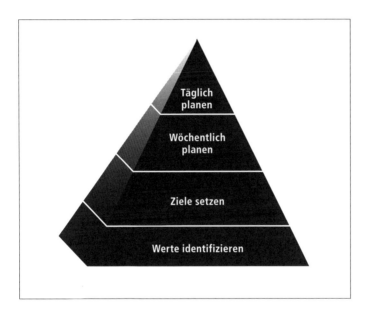

Lernziele

Wenn Sie sich intensiv mit den Grundprinzipien aus diesem Kapitel befassen und sie konsequent umsetzen, werden Sie:

- wissen, welche Verhaltensweisen nötig sind, um eine Vorbildrolle zu übernehmen.
- erfahren, welche drei Dinge den persönlichen Charakter ausmachen.
- die drei verschiedenen Bereiche der Kompetenz kennen und praktisch umsetzen.

- sich über Ihre Werte und Rollen klar werden und lernen, wie man Ziele setzt und sie auch erreicht.
- mit einer durchdachten Tages- und Wochenplanung Ihre Effektivität steigern.
- Ihr persönliches Leitbild zu Papier bringen.

So entwickeln Sie persönliche Vertrauenswürdigkeit

Bitte rufen Sie sich noch einmal ins Gedächtnis, dass Vertrauenswürdigkeit aus Charakter und Kompetenz erwächst.

Charakter

Integrität, Reife und Überfluss-Mentalität: Überlegen Sie, wie gut Sie diese drei Bereiche Ihres persönlichen Charakters bereits vorleben. Setzen Sie ein Kreuz in das Kästchen, das am ehesten auf Sie zutrifft:

Schlüssel: 5 = Das mache ich immer, 4 = Das mache ich meistens – es gibt nur wenige Ausnahmen, 3 = Das mache ich nur manchmal, 2 = Das mache ich äußerst selten, 1 = Das mache ich so gut wie nie.

	1	2	3	4	5
Integrität: Ich halte die Versprechen, die ich mir selbst und anderen gebe. Mein Verhalten steht im Einklang mit den Prinzipien und Naturgesetzen, die letztlich zu positiven Ergebnissen führen.					
Reife: Ich besitze Integrität und zeige beim Umgang mit schwierigen Problemen Mut und Mitgefühl.					
Überfluss-Mentalität: Ich sehe das Leben als Fülle verschiedenster Chancen, Ressourcen und wachsenden Wohlstands.					

Werfen wir nun einem Blick auf den zweiten Aspekt Ihrer persönlichen Vertrauenswürdigkeit – die Kompetenz.

Kompetenz

Überlegen Sie, wie gut bei Ihnen technische und konzeptuelle Kompetenz sowie Interdependenz bereits ausgeprägt sind. Setzen Sie ein Kreuz in das Kästchen, das am ehesten auf Sie zutrifft:

Schlüssel: 5 = Diese Kompetenz wende ich immer an, 4 = Diese Kompetenz wende ich meistens an – es gibt nur wenige Ausnahmen, 3 = Diese Kompetenz wende ich nur manchmal an, 2 = Diese Kompetenz wende ich äußerst selten an, 1 = Diese Kompetenz wende ich so gut wie nie an.

	1	2	3	4	5
Technische Kompetenz: Ich habe die Fähigkeiten und das Wissen, bestimmte Aufgaben zu erfüllen.					
Konzeptuelles Wissen: Ich sehe das große Ganze und die Zusammenhänge zwischen den einzelnen Teilen und kann strategisch denken.					
Interdependenz: Ich bin mir bewusst, dass im Leben alles miteinander verbunden ist.					

Ihre Vertrauenswürdigkeit hängt ganz davon ab, wie viel Zutrauen Sie selbst und andere in Ihren Charakter und Ihre Kompetenz haben. Wer im 21. Jahrhundert führen will, braucht beides – Charakter und Kompetenz.

Der Film »Große Steine«

Der Film »Große Steine« zeigt, wie wir unsere drei Geburts-Geschenke – die Freiheit zu wählen, die Prinzipien und die vier menschlichen Intelligenzen – nutzen können, um positive Veränderungen in unserem Leben herbeizuführen. Deshalb möchte ich Sie bitten, sich jetzt den Film »Große Steine« auf der DVD, die dem *8. Weg* beiliegt, oder online anzusehen.

Was sind die großen Steine in Ihrem Leben?

_____

_____

_____

_____

_____

Was sind einige der kleinen Steine?

_____

_____

_____

_____

_____

Welche drei Dinge hindern Sie ganz besonders daran, sich auf Ihre großen Steine zu konzentrieren?

_____

_____

_____

_____

_____

_____

Wie können Sie diese Hindernisse auf dem Weg zu Ihrem Erfolg ausräumen?

_____

_____

_____

_____

_____

_____

_____

Setzen Sie Ihre neuen Erkenntnisse um!

Beschäftigen Sie sich im nächsten Monat mit einem Teil oder mit allen der folgenden Aktivitäten, um Ihre neuen Erkenntnisse im Privat- und Berufsleben anzuwenden:

- Sehen Sie sich die Übung über die drei Bereiche Ihres persönlichen Charakters auf Seite 118 noch einmal an. Notieren Sie die Punkte, bei denen Sie sich höchstens mit 3 bewertet haben:

  _____

  _____

  _____

  _____

- Wie wollen Sie Ihre Werte in diesen Bereichen verbessern? Halten Sie Ihre Fortschritte im Journal am Ende dieses Workbooks fest:

  _____

  _____

  _____

  _____

  _____

- Haben Sie noch kein persönliches Planungssystem? Dann überlegen Sie, ob Sie lieber elektronisch oder auf Papier planen. Besorgen Sie sich ein entsprechendes Planungssystem und beginnen Sie gleich damit, es zu nutzen.

- Schreiben Sie in Ihr Planungssystem, was Ihnen am wichtigsten ist. Widmen Sie Ihren Top-Prioritäten ausreichend Zeit in Ihrer Wochen- und Tagesplanung. So finden Sie das richtige Gleich-

gewicht zwischen strukturierter Planung, Konzentration auf das Wesentliche und Spontaneität:
- Sich etwas zur Gewohnheit zu machen dauert 21 Tage. Deshalb: Nutzen Sie Ihr Planungssystem mindestens drei Wochen – danach geht es wie von selbst.
- Lesen Sie *Der Weg zum Wesentlichen* von Stephen R. Covey, Rebecca Merrill und Roger Merrill.
- Lesen Sie *Die 7 Wege zur Effektivität* von Stephen R. Covey.
- Verfassen Sie Ihr persönliches Leitbild. Eine Anleitung dazu finden Sie in meinem Hörbuch *How to Develop Your Personal Mission Statement*.

■ Bringen Sie mindestens zwei anderen Menschen die Hauptideen dieses Kapitels näher. Schreiben Sie ihre Namen hier auf:

_____

_____

_____

_____

■ Erzählen Sie Freunden, Kollegen und Familienmitgliedern von Ihren Erkenntnissen. Schreiben Sie ihre Namen auf:

_____

_____

_____

_____

KAPITEL 9
Die Stimme und Schnelligkeit des Vertrauens

Vertrauen zu genießen ist ein größeres Kompliment als geliebt zu werden.
GEORGE MACDONALD

Lesen Sie bitte die Seiten 192 bis 220 in *Der 8. Weg*. Machen Sie sich mit den dort beschriebenen Grundprinzipien vertraut oder sehen Sie sich die Zusammenfassung im Anhang dieses Workbooks an.

Überblick der Grundprinzipien

- *Vertrauen ist der Kitt des Lebens* – es hält Unternehmen, Teams und Beziehungen zusammen.
- Schlechte Beziehungen erkennt man in erster Linie daran, dass es an Vertrauen fehlt. Wenn das Vertrauen groß ist, *sind die Beziehungen gut und die Kommunikation gelingt ohne große Mühe.* Man verzeiht sich auch Fehler. Herrscht dagegen wenig Vertrauen, gestalten sich die Beziehungen und die Kommunikation schwierig.
- Vertrauen in Beziehungen ist keine Selbstverständlichkeit. Man muss es durch regelmäßige Einzahlungen auf die *emotionalen Beziehungskonten* der anderen pflegen. Diese Konten gleichen Bankkonten, bei denen wir emotionale Einzahlungen und Abhebungen vornehmen können.
- Die Einzahlungen basieren auf den Prinzipien, die für zwischenmenschliche Beziehungen entscheidend sind. Damit Sie

diese Prinzipien anwenden und Einzahlungen vornehmen können, sind drei Dinge nötig:
- Initiative
- Bescheidenheit
- Bereitschaft, Opfer zu bringen

Die zehn Einzahlungen

- *Erst verstehen wollen:* Sie müssen den anderen verstehen, um zu wissen, was für ihn tatsächlich eine Einzahlung ist. So habe ich im 8. *Weg* die Geschichte einer Frau erzählt, die glaubte, dass ein blitzblank geputztes Haus eine Einzahlung auf das Beziehungskonto ihres Mannes wäre. Doch dann stellte sich heraus, dass ihm das überhaupt nicht wichtig war.
- *Versprechen geben und halten:* Versprechen zu halten ist schwer – genau deshalb zerstört nichts das Vertrauen so sehr wie der Bruch eines Versprechens. Auf der anderen Seite baut nichts schneller Vertrauen auf als ein Versprechen zu halten. Sie dürfen Ihre Versprechen also nicht auf die leichte Schulter nehmen!
- *Ehrlichkeit und Integrität:* Wir können nur glaubwürdig sein, wenn wir anderen zeigen, dass wir ehrlich und integer sind.
- *Freundlichkeiten und Gefälligkeiten:* Andere Menschen haben Gefühle, die wir anerkennen und respektieren müssen. Wenn wir das tun, bringen selbst kleine Freundlichkeiten und Gefälligkeiten riesige Renditen auf den Beziehungskonten der anderen.
- *»Gewinn / Gewinn oder kein Geschäft«-Denken:* Fast alle Verhandlungen und Problemlösungen werden vom Gewinn / Verlust-Denken beherrscht. Sicher mag das in manchen Wettbewerbssituationen angebracht sein. Doch wenn man das Gewinn / Verlust-Denken immer anwendet, wird es manipulativ und führt nicht zum Ziel. Ganz anders sieht es beim »Gewinn / Gewinn oder kein Geschäft«-Denken aus. Hier ist man bereit, nach einer Lösung zu suchen, die für alle Beteiligten ein echter Gewinn ist. Das erfordert allerdings eine gewisse Opferbereitschaft: Sie müssen Ihre eigenen Interessen lange genug zurückzustellen, um zu verstehen, was der andere tatsächlich will.
- *Klärung der Erwartungen:* Die meisten Beziehungen scheitern aufgrund unklarer oder enttäuschter Erwartungen. Deshalb ist

es wichtig, die verschiedenen Aufgaben, Rollen und Ziele genau abzustecken. Sie werden sehen: Es ist gar nicht so schwer, die Erwartungen Ihrer Familienmitglieder oder Kollegen abzuklären, bringt aber wesentlich bessere Ergebnisse.

- *Loyalität gegenüber Abwesenden:* Das ist eine der schwierigsten Einzahlungen überhaupt und einer der größten Prüfsteine für den Charakter. Wenn Sie in Versuchung geraten, zu tratschen, sollten Sie den folgenden Punkt bedenken: Wie Sie über Abwesende sprechen, zeigt den Anwesenden, wie Sie über sie reden, wenn sie nicht dabei sind.
- *Sich entschuldigen:* Zu einer ehrlichen Entschuldigung gehört mehr als nur zu sagen »Tut mir leid!«. Sie müssen dem anderen auch zeigen, dass Sie es wirklich ernst meinen. Wichtig ist, dass Sie nicht versuchen, Ihr Verhalten zu rechtfertigen – frei nach dem Motto: »Tut mir leid, aber ...«
- *Feedback geben und annehmen:* Immer wenn Sie anderen Ihr Feedback geben, tätigen Sie eine Einzahlung! Das gilt übrigens auch für negatives Feedback. Allerdings ist es gar nicht so leicht, anderen Feedback zu geben. Am besten beschreiben Sie Ihre eigenen Befürchtungen und Gefühle im Hinblick auf die Situation. Es bringt nichts, dem anderen Vorwürfe zu machen, ihn zu verurteilen oder in irgendeine Schublade zu stecken. Wenn Sie selbst Feedback bekommen, sollten Sie dem anderen auf jeden Fall dafür danken – auch wenn seine Sicht der Dinge Sie vielleicht verletzt. Sie wissen ja: Wir alle sind auf Feedback angewiesen, und zwar ganz besonders in Bezug auf unsere Schwachstellen.
- *Verzeihen:* Echtes Verzeihen bedeutet, dass man das Ganze vergisst und das Vergangene hinter sich lässt. Wenn Sie anderen vergeben, lösen Sie sich von negativen Gedanken und gewinnen wieder die Kontrolle über Ihre Gefühle. Es liegt allein an Ihnen, ob Sie zulassen, dass andere Ihnen wehtun.

Noch ein letzter Punkt: »Vertrauen« ist nicht nur ein Substantiv, sondern auch ein Verb. Das heißt für Sie, dass Sie den Menschen in Ihrem Umfeld – Ihrer Familie, Ihren Freunden und Ihren Kollegen – zeigen müssen, dass Sie ihnen vertrauen und an sie glauben. Ermutigen Sie andere, ihr volles Potenzial auszuschöpfen.

Lernziele

Wenn Sie sich intensiv mit den Grundprinzipien aus diesem Kapitel befassen und sie konsequent umsetzen, werden Sie:

- erkennen, wie wichtig Vertrauen in Unternehmen, Teams und Beziehungen ist, und lernen, wie Sie das Vertrauen in Ihren Organisationen steigern.
- Ihre Beziehungen stärken, indem Sie Einzahlungen auf die emotionalen Konten der anderen machen.
- darauf achten, Gewinn / Gewinn-Situationen zu schaffen.
- wissen, wie Sie auch Beziehungen verbessern, in denen nur wenig Vertrauen herrscht.
- sehen, wie wichtig es ist, Versprechen zu geben und zu halten.

Beziehungen mit viel oder wenig Vertrauen

Schreiben Sie die Namen von zwei oder drei Personen auf, zu denen Sie großes Vertrauen haben. Notieren Sie dann die Namen von zwei oder drei Menschen, zu denen Sie eine Beziehung haben, in der nur wenig Vertrauen herrscht:

Beziehung mit viel Vertrauen	Beziehung mit wenig Vertrauen

Welche Gemeinsamkeiten haben die Menschen, denen Sie vertrauen? Finden Sie heraus, wie die anderen oder Sie selbst Vertrauen in Ihrer Beziehung aufbauen:

_____

_____

_____

_____

_____

Überlegen Sie jetzt, welche Gemeinsamkeiten die Menschen besitzen, zu denen Sie wenig Vertrauen haben. Was tun die anderen oder Sie selbst, dass nur wenig Vertrauen in Ihrer Beziehung herrscht?

_____

_____

_____

_____

_____

Achten Sie auf die Unterschiede: Wie verhalten Sie sich, wenn Sie mit den Menschen zusammen sind, zu denen Sie eine Beziehung mit viel oder mit wenig Vertrauen haben?

Verhalten bei viel Vertrauen	Verhalten bei wenig Vertrauen

Was würde passieren, wenn Sie gegenüber den Leuten mit wenig Vertrauen die für großes Vertrauen typischen Verhaltensweisen zeigen würden? Und: Wie wäre es im umgekehrten Fall?

___

___

___

___

___

Beziehungen sind nie einseitig. Vielleicht gibt es gute Gründe dafür, dass Sie zu jemandem eine Beziehung mit wenig Vertrauen führen. Doch: Wenn Sie Ihre Beziehungen verbessern wollen, müssen Sie Ihr Verhalten ändern. Sie könnten beispielsweise solchen Menschen gegenüber die für großes Vertrauen typischen Verhaltensweisen zeigen und dann darauf achten, wie sich Ihre Beziehung verändert.

So machen Sie Einzahlungen auf emotionale Beziehungskonten

Schreiben Sie unten einige Dinge auf, die Einzahlungen auf das emotionale Beziehungskonto eines anderen Menschen sein könnten. Denken Sie aber daran, dass der andere das Ganze auch als Einzahlung sehen muss:

Zu wem haben Sie eine besonders wichtige Beziehung?	Welche Einzahlung könnten Sie diese Woche auf das emotionale Beziehungskonto dieser Person machen?	Welches Opfer müssten Sie für diese Einzahlung bringen?

Denken Sie einmal über Ihre Versprechen nach

Versprechen zu geben ist ganz leicht. Wahrscheinlich tun Sie das jeden Tag gleich mehrmals, ohne groß darüber nachzudenken. Mit einem Versprechen kann man den anderen schnell zufrieden stellen – besonders, wenn er sich Sorgen macht oder unter Druck steht und Hilfe braucht. Denken Sie noch einmal an die letzten fünf Tage zurück. Haben Sie in dieser Zeit anderen irgendwelche Versprechen gegeben? Schreiben Sie Ihre Versprechen hier auf:

Welches Versprechen haben Sie gegeben?	Wem?	Was haben Sie getan, um dieses Versprechen zu halten?	Was wird mit der Beziehung passieren, wenn Sie Ihr Versprechen nicht halten?
1.			
2.			
3.			
4.			
5.			

Entweder »Gewinn / Gewinn« oder gar kein Geschäft

Gewinn / Gewinn-Vereinbarungen können zwischen verschiedenen Parteien geschlossen werden – beispielsweise zwischen einem Chef und einem Angestellten, zwischen Eltern und ihrem Kind oder auch zwischen einem Kunden und einem Lieferanten. Denken Sie an eine ihrer Beziehungen, die ganz besonders von einer Gewinn / Gewinn-Lösung profitieren könnte, und beantworten Sie die folgenden Fragen:

Name(n):	
Situation:	
Was wäre ein Gewinn für Sie?	Was wäre ein Gewinn für die andere Seite?

Auf diese Tabelle werden wir unter der Rubrik »Setzen Sie Ihre neuen Erkenntnisse um!« noch einmal zurückkommen.

Sich aufrichtig entschuldigen

»Ich hatte unrecht, das tut mir leid!« Das zu sagen und sich dann entsprechend zu verhalten, ist eine der besten Möglichkeiten, um Vertrauen in Beziehungen aufzubauen.
Wie reagieren Sie, wenn sich jemand aufrichtig bei Ihnen entschuldigt?

_____

_____

Denken Sie an drei Beziehungen, die Sie verbessern könnten, wenn Sie sich aufrichtig für einen früheren Fehler entschuldigen würden. Schreiben Sie die drei Beziehungen hier auf:

Beziehung	Früherer Fehler	Wie könnte sich die Beziehung verbessern, wenn Sie sich ehrlich entschuldigen würden?
Beispiel: Irene – unsere Korrekturleserin	Bei einer Besprechung habe ich den Kollegen einige Rechtschreibfehler gezeigt, die Irene übersehen hatte. Das hat sie mitbekommen. Seitdem sprechen wir nicht mehr miteinander.	Wir könnten unsere negativen Gefühle hinter uns lassen und wieder Teamgeist entwickeln. Wir könnten uns wie früher gegenseitig bei unseren Projekten unterstützen und gemeinsam viel bessere Ergebnisse erzielen.

Wenden Sie Ihre neuen Erkenntnisse an!

Beschäftigen Sie sich im nächsten Monat mit einem Teil oder mit allen der folgenden Aktivitäten, um Ihre neuen Erkenntnisse im Privat- und Berufsleben anzuwenden:

- Sehen Sie sich Ihre Liste der Personen, zu denen Sie eine Beziehung mit wenig Vertrauen haben, auf Seite 127 in diesem Workbook noch einmal an. Geben Sie sich das Versprechen, diese Beziehungen durch regelmäßige Einzahlungen auf den emotionalen Konten der anderen zu verbessern. Halten Sie Ihre Ergebnisse im Journal am Ende dieses Workbooks fest.
- Sehen Sie sich die Übung »Sich aufrichtig entschuldigen« auf Seite 133 noch einmal an. Geben Sie sich das Versprechen, die dort genannten Personen ehrlich um Verzeihung zu bitten – tun Sie das so bald wie möglich.
- Schließen Sie eine Gewinn / Gewinn-Vereinbarung mit der Person, die Sie in der Tabelle auf Seite 132 genannt haben. Klären Sie gemeinsam, welche Punkte, in der Gewinn / Gewinn-Vereinbarung, festgehalten werden sollen.

	Gewinn / Gewinn-Vereinbarung
Angestrebte Ergebnisse	Was ist das Ziel, das wir im Sinn haben? Welche Ergebnisse wollen wir erreichen?
Richtlinien	An welche Regeln wollen wir uns halten? Welche Richtlinien sollen für das Erreichen der Ergebnisse gelten?
Ressourcen	Mit welchen Ressourcen können wir arbeiten – beispielsweise Unterstützung von anderen, Geld oder technische Hilfsmittel?
Verantwortlichkeit	Wie können wir feststellen, wie gut wir vorankommen?
Konsequenzen	Was wird es uns bringen, wenn wir die gewünschten Ergebnisse erreichen? Welche Konsequenzen wird es haben, wenn wir es nicht schaffen?

Beginnen Sie die gemeinsame Arbeit an Ihrer Gewinn / Gewinn-Vereinbarung, indem Sie Pathos entwickeln (Näheres dazu finden Sie ab Seite 98 in diesem Workbook). Stellen Sie sicher, dass jeder von Ihnen die Position des anderen genau versteht und sie auch zu dessen Zufriedenheit mit eigenen Worten wiedergeben kann.

- Denken Sie an eine Beziehung, die von einer Klärung der Rollen und Ziele profitieren würde. Verabreden Sie sich mit der betreffenden Person zu einem Gespräch und gehen Sie dann folgendermaßen vor:
  – Besorgen Sie zwei Flipcharts. Schreiben Sie oben auf die eine: »Wie siehst du MEINE Rollen und Ziele?«. Auf die andere kommt: »Wie siehst du DEINE Rollen und Ziele?«
  – Bitten Sie die andere Person, intensiv über die Fragen auf den Flipcharts nachzudenken und alle Antworten aufzuschreiben. Solange Sie nicht beide das Gefühl haben, dass die Fragen ausreichend beantwortet sind, sollten Sie keine Urteile abgeben und weder Zustimmung noch Widerspruch zum Ausdruck bringen.
  – Zeigen die beiden Flipcharts, dass es unterschiedliche Erwartungen gibt?
  – Überlegen Sie gemeinsam, wie Sie die Erwartungen mit den tatsächlichen Rollen und Zielen in Einklang bringen können.

- Bringen Sie mindestens zwei anderen Menschen die Hauptideen dieses Kapitels näher. Schreiben Sie ihre Namen hier auf:

  _____

  _____

- Erzählen Sie Freunden, Kollegen und Familienmitgliedern von Ihren Erkenntnissen. Schreiben Sie ihre Namen auf:

  _____

  _____

KAPITEL 10
Verschmelzung der inneren Stimmen: Die Suche nach der dritten Alternative

Um kreativ denken zu können, müssen wir eingefahrene Gleise verlassen und die Dinge mit ganz anderen Augen betrachten.
EDWARD DEBONO

Lesen Sie bitte die Seiten 221 bis 246 in *Der 8. Weg*. Machen Sie sich mit den dort beschriebenen Grundprinzipien vertraut oder sehen Sie sich die Zusammenfassung im Anhang dieses Workbooks an.

Überblick der Grundprinzipien

- Die Fähigkeit, eine synergetische dritte Alternative zu finden, beruht auf *moralischer Autorität und Vertrauen*.
- Die dritte Alternative übertrifft alle bisherigen Vorschläge. Sie ist weder mein Weg noch Ihrer. Die dritte Alternative ist auch kein Kompromiss, sondern *eine viel bessere Lösung*.
- Um eine dritte Alternative zu entwickeln, braucht man jede Menge Kreativität und die Bereitschaft, wirklich zuzuhören und offen für andere zu sein. Denn: Die Suche nach der dritten Alternative erfordert eine *Gewinn / Gewinn-Einstellung*.
- Viele denken, dass alle Beteiligten nach Gewinn / Gewinn streben müssten. Das stimmt aber nicht! Es reicht, wenn ein Partner so denkt. Er muss allerdings das Vertrauen des anderen gewinnen, indem er einfühlsam ist, konsequent nach beiderseitigen Vorteilen sucht und nicht vorschnell aufgibt.

- Um ein Gewinn / Gewinn-Denker sein werden, müssen Sie *auf der persönlichen Ebene hart* daran *arbeiten*, Ihre Unsicherheit und Ihre Konkurrenzgefühle zu überwinden.
- *Kommunikation* ist der Schlüssel, um eine dritte Alternative zu finden. Mehr noch: Kommunikation ist die wichtigste Fähigkeit überhaupt im Leben. *Einfühlendes Zuhören* bedeutet, sich aus den eigenen Gedanken, dem eigenen Wertesystem und der eigenen Geschichte zu lösen und tief in den Standpunkt des anderen einzutauchen.

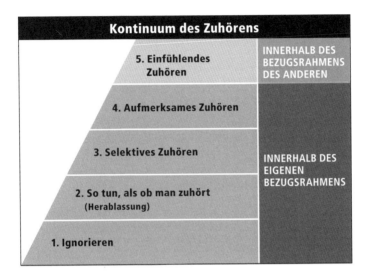

- Über Kommunikation muss man vier wichtige Dinge wissen:
  1. Man muss offen sein und dem anderen wirklich zuhören.
  2. Wir sehen die Welt nicht so, wie sie ist, sondern so, wie wir sind. Unsere Wahrnehmung wird durch unsere Interpretation der Situation geprägt.
  3. Es gibt mehrere Möglichkeiten, etwas zu interpretieren. Je mehr Sie Ihr Ich in Ihre Wahrnehmung einbringen, desto geringer ist die Wahrscheinlichkeit, dass Sie eine dritte Alternative finden.
  4. Die meisten Schwierigkeiten bei der Kommunikation beruhen auf Missverständnissen und einer falschen Interpretation des Gesagten. Dieses Problem können Sie lösen, indem Sie sich beim Zuhören in den Standpunkt des anderen hineinversetzen.

- Die Suche nach einer dritten Alternative besteht aus zwei Schritten, die jedoch nicht immer in derselben Reihenfolge ablaufen müssen. Manchmal fängt man mit dem ersten an – manchmal auch mit dem zweiten. Diese Schritte können allerdings nur funktionieren, wenn wenigstens einer der Beteiligten bereit ist, die Situation aus einer Gewinn / Gewinn-Perspektive zu betrachten.

- Wenn Sie ein Team aufbauen wollen, in dem sich alle gegenseitig ergänzen, sollten Sie ein Vorbild im Hinblick auf eine einfühlende Kommunikation sein. Vor allem Führungskräfte müssen in ihrer Kommunikation zeigen, dass sie bereit sind, nach einer dritten Alternative zu suchen und das nötige Vertrauen bei den Mitarbeitern aufbauen. Natürlich können Sie eine einfühlende Kommunikation auf jeder Organisationsebene beginnen, indem Sie sich offen mit Kollegen oder Familienmitgliedern austauschen.
- Es gibt vier »Bermuda-Dreiecke«, die zum Scheitern von Ideen führen können:
  1. *Ideenphase:* Eine gute Idee wird durch eine negative Einstellung, Zweifel oder Angst bereits im Keim erstickt.
  2. *Umsetzungsphase:* Eine hervorragende Idee wird nicht richtig umgesetzt.

3. *Managementphase:* Das Management ist nicht fähig oder bereit, Systeme zur Aufrechterhaltung oder Steigerung der Produktion einzurichten.
4. *Veränderungsphase:* Das Unternehmen oder Team ist so sehr in seinen eigenen bürokratischen Vorschriften gefangen, dass es nicht angemessen auf veränderte Marktbedingungen reagieren kann.

Lernziele

Wenn Sie sich intensiv mit den Grundprinzipien aus diesem Kapitel befassen und sie konsequent umsetzen, werden Sie:

- Ihre Kommunikationsfähigkeit deutlich verbessern.
- Lösungen finden, die eine dritte, viel bessere Alternative darstellen.
- lernen, wie man Meinungsverschiedenheiten in gegenseitigem Einvernehmen aus dem Weg räumt.
- die vier »Bermuda-Dreiecke« des Scheiterns von Ideen kennen und daran arbeiten, diese in Ihrem Unternehmen oder Team zu beseitigen.

So entwickeln Sie mit Gewinn / Gewinn-Denken eine dritte Alternative

Wissen Sie, wie Sie Gewinn / Gewinn-Lösungen erreichen? Machen Sie den Test. »WAHR« oder »FALSCH«? Kreuzen Sie in der folgenden Tabelle an, welche Aussage wahr oder falsch ist:

WAHR	FALSCH	1. Alle Beteiligten müssen eine Gewinn/Gewinn-Lösung anstreben.
WAHR	FALSCH	2. Die andere Partei muss von Anfang an bereit sein, zu kooperieren.
WAHR	FALSCH	3. Sie müssen die anderen von einer Gewinn/Gewinn-Lösung überzeugen, indem Sie einfühlsam auf sie zugehen, ihr Vertrauen gewinnen, konsequent nach Vorteilen suchen und nicht vorschnell aufgeben.
WAHR	FALSCH	4. Gewinn/Gewinn-Lösungen sind immer ein Kompromiss.
WAHR	FALSCH	5. Um eine dritte Alternative zu finden, ist jede Menge Kreativität gefragt.
WAHR	FALSCH	6. Den anderen zu verstehen bedeutet nicht, ihm vorbehaltlos zuzustimmen.

Antworten: 1 = F, 2 = F, 3 = W, 4 = F, 5 = W, 6 = W.

So gewinnen Sie die Fähigkeiten, um eine dritte Alternative zu finden

Bitten Sie jemanden, das folgende kleine Experiment zu machen. Sehen Sie sich beide das folgende Bild an.

Was sehen Sie beide? Das Bild einer jungen oder einer alten Frau? Wer hat recht?

1. Diskutieren Sie über das Bild. Hören Sie gut zu und versuchen Sie zu sehen, was der andere sieht.

2. Wenn Sie den anderen verstanden haben, dann erklären Sie ihm, was Sie sehen. Helfen Sie ihm dabei, das zu sehen, was Sie sehen.

Gibt es Unterschiede in Ihrer Wahrnehmung? Woran liegt das?

_____

_____

_____

_____

_____

Was wäre, wenn Sie schon verstanden hätten, was die andere Person sieht, bevor Sie dem anderen erklärt haben, was es mit dem Bild auf sich hat? Wie hätte das Ihre Diskussion über das Bild verändert?

_____

_____

_____

_____

_____

_____

Wie sehr war bei diesem kleinen Experiment Ihre persönliche Konditionierung im Spiel?

_____
_____
_____
_____
_____

Wie sehr ist Ihre persönliche Konditionierung im Bezug auf die Suche nach der dritten Alternative im Spiel?

_____
_____
_____
_____
_____
_____

Wir sehen die Welt nicht so, wie sie ist – wir sehen die Welt so, wie wir sind.

So schätzen Sie Ihr Unternehmen oder Ihr Team richtig ein

Lesen Sie die Informationen zu den »Bermuda-Dreiecken«, die zum Niedergang von Ideen und Unternehmen führen, auf den Seiten 244 und 245 im *8. Weg* durch. Überlegen Sie dann: Wo werden in Ihrem Unternehmen oder Team die meisten Ideen abgeblockt? Natürlich können Sie in diesem Zusammenhang auch an Ihre Familie oder andere Organisationen denken, denen Sie angehören.

»Bermuda-Dreiecke«	Kreuzen Sie das Kästchen an, wenn hier in Ihrem Unternehmen, Ihrem Team oder Ihrer Familie Ideen abgewürgt werden.	Weshalb?
Ideenphase		
Produktionsphase		
Managementphase		
Veränderungsphase		

Wenden Sie Ihre neuen Erkenntnisse an!

Beschäftigen Sie sich im nächsten Monat mit einem Teil oder mit allen der folgenden Aktivitäten, um Ihre neuen Erkenntnisse im Privat- und Berufsleben anzuwenden:

- Lesen Sie die Seiten 223 bis 227 im *8. Weg* und veranstalten Sie dann mit Ihrer Familie oder Ihren Kollegen einen Wettstreit im Armdrücken. Was haben Sie dabei über Gewinn / Gewinn-Denken gelernt? Halten Sie Ihre Erkenntnisse im Journal am Ende dieses Workbooks fest.

- Für welches Problem aus Ihrem beruflichen oder privaten Bereich würden Sie gerne eine dritte Alternative finden? Vielleicht gibt es zwischen Ihnen und Ihrem Partner einen Konflikt über die Aufgaben im Haushalt? Eventuell herrscht im Zimmer Ihrer Tochter das blanke Chaos oder Ihr Sohn bringt schlechte Noten aus der Schule mit nach Hause? Möglicherweise gibt es in Ihrer Abteilung schon länger einen Konflikt wegen bestimmter Arbeitsabläufe oder der Kostenverteilung? Beschreiben Sie das Problem:

  _____

  _____

  _____

  _____

- Vereinbaren Sie mit der anderen Seite ein Gespräch, um die beiden Schritte zur Entwicklung einer dritten Alternative durchzuarbeiten. Sind Sie bereit, nach einer Lösung zu suchen, die besser ist als alle bisherigen Vorschläge? Würden Sie der einfachen Grundregel zustimmen, dass keiner seinen Standpunkt darlegen darf, solange er den Standpunkt des *anderen nicht vollkommen richtig und zu dessen Zufriedenheit wiedergegeben hat?*

- Lesen Sie die Seiten 229 bis 233 im *8. Weg* und suchen Sie sich dann einen Gegenstand aus, den Sie gern als Talking Stick benutzen würden. Verwenden Sie ihn bei der nächsten Besprechung in Ihrem Unternehmen oder in Ihrer Familie. Erklären Sie den anderen, wie man den Talking Stick richtig einsetzt und welche Resultate man damit erzielen kann. Halten Sie Ihre Erfahrungen mit dem Talking Stick am Ende dieses Workbooks fest.

- Sehen Sie sich die Übung zur Einschätzung Ihres Unternehmens oder Teams auf Seite 143 in diesem Workbook noch einmal an. Überlegen Sie, wie Sie dazu beitragen können, dass Ihr Unternehmen, Ihr Team oder Ihre Familie die vier »Bermuda-Dreiecke« sicher umgehen kann. Halten Sie Ihre Ideen im Journal am Ende dieses Workbooks fest.

- Bringen Sie mindestens zwei anderen Menschen die Hauptideen dieses Kapitels näher. Schreiben Sie ihre Namen hier auf:

  _____

  _____

  _____

  _____

- Erzählen Sie Freunden, Kollegen und Familienmitgliedern von Ihren Erkenntnissen. Schreiben Sie ihre Namen auf:

  _____

  _____

  _____

  _____

KAPITEL 11
Mit einer Stimme: Als Visionär gemeinsame Vision, Werte und Strategie entwickeln

> *Das Wesen der Führung besteht darin, eine Vision zu haben – auf einer ungestimmten Trompete kann man nicht spielen.*
> THEODORE M. HESBURGH, PRESIDENT,
> UNIVERSITY OF NOTRE DAME

Lesen Sie bitte die Seiten 247 bis 265 in *Der 8. Weg*. Machen Sie sich mit den dort beschriebenen Grundprinzipien vertraut oder sehen Sie sich die Zusammenfassung im Anhang dieses Workbooks an.

Überblick der Grundprinzipien

- Visionär, Koordinator und Coach: Für Sie als Vorbild ist es wichtig, *anderen zu zeigen,* wie jemand, der seine innere Stimme gefunden hat, die drei weiteren Rollen effektiver Führung erfüllen kann.
- In diesem Kapitel geht es um Ihre Rolle als Visionär. Hier erfahren Sie, wie Sie *Menschen mit unterschiedlichen Stärken und Ansichten dazu verhelfen, mit einer Stimme zu sprechen und gemeinsam große Ziele zu verfolgen.*
- Wenn Sie sich als Visionär einer Herausforderung gegenübersehen, haben Sie drei Möglichkeiten:
  1. Sie können Ihr Team über die Vision oder Strategie *in Kenntnis setzen,* ohne die anderen einzubeziehen.
  2. Sie können sich und Ihr Team durch endlose Analysen und Diskussionen *lahmlegen,* anstatt sich an die Umsetzung zu machen.

3. Sie können die Leute auf vernünftige Art und Weise in die Entwicklung einer Vision oder Strategie einbeziehen. Je besser Sie andere einbeziehen, desto stärker werden sie sich mit Ihren Vorschlägen identifizieren und sich dafür einsetzen. Um die Kraft der Identifikation zu nutzen, muss es allerdings bereits eine solide Vertrauensbasis in Ihrer Organisation geben. Zudem müssen Sie selbst vertrauenswürdig sein. Welche Ergebnisse mit der Kraft der Identifikation möglich sind, zeigt die Geschichte über die Ritz-Carlton-Hotels, die Sie im *8. Weg* auf den Seiten 249 bis 251 nachlesen können.

- *Die meisten Führungskräfte sind bessere Vorbilder als Visionäre.* Das führt jedoch dazu, dass die Mitarbeiter keine klare Vorstellung davon haben, wie sie mit ihrer Arbeit dazu beitragen können, die Top-Prioritäten der Abteilung oder des Unternehmens zu erreichen.
- Die guten Visionäre unter den Führungskräften schaffen dieses Problem aus der Welt, indem sie Struktur und Fokus vermitteln und die *wichtigen Ziele klar kommunizieren.* Denn: Sobald die Leute ihre Ziele und deren Zusammenhang mit der größeren Strategie verstehen, engagieren sie sich wesentlich stärker.
- Bei der Entscheidung über eine Strategie müssen Sie die folgenden vier Realitäten berücksichtigen:
  - *Realitäten des Marktes:* Was ist Ihr Markt? Wer ist Ihre Konkurrenz? Welche Trends und Herausforderungen bestimmen Ihre Branche?
  - *Kernkompetenzen:* Was können Sie besonders gut? Was ist Ihnen wirklich wichtig? Wofür werden die Leute Sie bezahlen? Was rät Ihnen Ihr Gewissen?
  - *Wünsche und Bedürfnisse der Interessengruppe:* Wer sind Ihre Kunden? Was wollen und brauchen sie wirklich? Welche Anliegen, Probleme und Sorgen haben sie? Wie gestaltet sich der Markt in der Branche Ihrer Zielgruppe?
  - *Werte:* Wie sehen die Werte Ihrer Zielgruppe aus? Und Ihre eigenen? Was ist der Hauptzweck Ihrer Organisation oder Ihres Teams?
- Die Rolle als Visionär kann die schwierigste der vier Führungsrollen sein, da Sie es dabei mit vielen, ganz unterschiedlichen Menschen, Absichten und Vertrauensebenen zu tun haben. Das

Vorbild-Sein ist deshalb so wichtig, weil es Ihnen Glaubwürdigkeit verleiht und andere zu engagierter Teamarbeit motiviert. Ein Team, das sich mit seiner Führungskraft identifizieren kann, vertraut stärker darauf, dass der abgesteckte Weg der richtige ist.

- Die wertvollsten Hilfsmittel für Visionäre sind das Leitbild und der strategische Plan. Sie helfen Ihnen, die wichtigsten Ziele für Ihr Unternehmen, das Team oder die Familie zu bestimmen.
  - Das *Leitbild* gibt den Zweck, die Vision und die Werte Ihres Unternehmens, Ihres Teams oder Ihrer Familie wieder.
  - Der *strategische Plan* beschreibt kurz und bündig, welche Werte Sie schaffen wollen. Er ist der Fokus Ihrer Organisation.
- Körper, Verstand, Herz und Geist: Um das volle Potenzial Ihres Unternehmens, Ihres Teams oder Ihrer Familie freizusetzen, müssen *das Leitbild, die Vision und die Werte* die vier menschlichen Grundbedürfnisse der einzelnen Mitglieder umfassen.
- Erfolg erfordert *die richtige Balance zwischen der Mission und den Gewinnen*. Eine Überbetonung eines Bereichs ist ungesund. Denn: Ohne Gewinne kann man seine Mission, seinen Lebenszweck nicht erfüllen.

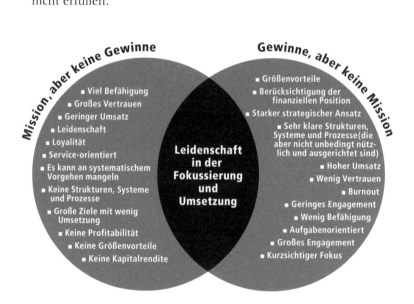

- Genau genommen *gibt es in Organisationen nur zwei Rollen: Kunde und Zulieferer*. Deshalb ist eine gute Beziehung zwischen Kunden und Lieferanten die Grundvoraussetzung für erfolgreiche Geschäfte.
- Zur *Umsetzung der Strategie* ist es unerlässlich, die entsprechenden Strukturen zu schaffen, den richtigen Leuten die richtigen Aufgaben zu geben, sie mit den entsprechenden Hilfsmitteln auszustatten und ihnen dann freie Hand zu lassen – sie jedoch auf Wunsch jederzeit zu unterstützen.
- Eine der größten Herausforderungen für Unternehmen, Abteilungen, Teams und Familien ist das Herunterbrechen der Vision in *umsetzbare, messbare, konkrete* Ziele. Denn: Die strategischen Pläne sind zu oft verschwommen und die Führungskräfte versäumen es, kurzfristige Ziele zu setzen. Ganz wichtig ist, dass es nur wenige strategische Ziele geben darf. Alle Ziele müssen nach Prioritäten geordnet werden und messbar sein. Zudem ist es unerlässlich, dass die Ziele in einem übersichtlichen Scoreboard dargestellt werden, sodass jeder genau weiß, wie die Ziele aussehen, wie man sie erreichen kann und wie weit die Umsetzung bereits fortgeschritten ist.

Lernziele

Wenn Sie sich intensiv mit den Grundprinzipien aus diesem Kapitel befassen und sie konsequent umsetzen, werden Sie:

- wissen, weshalb die Visionärsrolle so wichtig ist.
- Ihre Fähigkeiten als Visionär und Verbesserungsmöglichkeiten kennen.
- beurteilen können, wie sich die Realitäten des Marktes, Ihre Kernkompetenzen, die Wünsche und Bedürfnisse der Interessengruppe und die Werte auf Ihr Unternehmen oder Ihr Team auswirken.
- erkennen, ob in Ihrer Organisation die richtige Balance zwischen der Mission und den Gewinnen herrscht.
- ein Leitbild, eine Werteliste und einen strategischen Plan entwickeln.

So finden Sie Ihre Stärken als Visionär

Bei Führungskräften werden die Vorbildrolle und die Arbeitsmoral gewöhnlich höher bewertet als die Visionärsrolle. Deshalb sollten Sie die folgende Übung nutzen, um herauszufinden, wie es um Ihre Fähigkeiten als Visionär bestellt ist.

Fragebogen 1

Kreuzen Sie die Spalte an, die am ehesten auf Sie zutrifft.

	Nie	Manchmal	Immer
Ich sorge dafür, dass es klare, messbare, erreichbare Ziele gibt.			
Ich achte darauf, dass alle die Ziele verstehen und sich für sie einsetzen.			
Ich beobachte und beurteile die Leistungsfähigkeit mit Hilfe klarer Standards.			
Ich sorge dafür, dass die Ziele meines Teams optimal auf die Top-Prioritäten unseres Unternehmens ausgerichtet sind.			

Haben Sie einige Fragen mit »nie« oder »manchmal« beantwortet? Dann überlegen Sie, wie Sie Ihr Team besser auf Ihre Ziele ausrichten können.

Fragebogen 2

Wie gut verstehen Sie selbst die Ziele Ihres Unternehmens oder Ihres Teams? Mit welchem Engagement setzen Sie sich für diese Ziele ein? Kreuzen Sie die Spalte an, die am ehesten auf Sie zutrifft:

	Nein	Teilweise	Ja
Ich kenne das Leitbild meiner Organisation oder meines Teams.			
Ich verstehe den strategischen Plan meines Unternehmens oder meines Teams und weiß, weshalb er festgelegt wurde.			
Ich setze mich dafür ein, dass unser strategischer Plan verwirklicht wird.			
Ich weiß, wie ich mit meiner Arbeit zur Umsetzung unseres strategischen Plans beitragen kann.			

Es ist sehr wichtig, dass Sie das Leitbild und den strategischen Plan Ihrer Organisation oder Ihres Teams verstehen und dazu beitragen, dass er umgesetzt wird. Falls Sie das nicht können oder bisher nicht gemacht haben, sollten Sie den Ursachen auf den Grund gehen.

So verstehen Sie die vier Realitäten

Realitäten des Marktes, Kernkompetenzen, Wünsche und Bedürfnisse der Interessengruppen und Werte: Sie können Ihre Rolle als Visionär erst richtig ausfüllen, wenn Sie sich intensiv mit diesen vier Realitäten auseinandergesetzt haben. Machen Sie sich an die Arbeit und beantworten Sie die folgenden Fragen für Ihr Unternehmen oder Ihr Team:

Realitäten des Marktes

Wie nehmen die Leute in Ihrer Abteilung oder in Ihrem Team den Markt wahr?

_____

_____

Wie sieht der größere politische, wirtschaftliche und technologische Gesamtzusammenhang aus?

_____

_____

_____

Welche Kräfte prägen den Wettbewerb?

_____

_____

_____

Was sind die Trends und Charakteristika in Ihrer Branche?

_____

_____

_____

Wie groß ist die Gefahr, dass neue Technologien oder Geschäftsmodelle Ihre gesamte Branche grundlegend verändern oder sogar komplett überflüssig machen?

_____

_____

_____

_____

Kernkompetenzen

Was sind die einzigartigen Stärken Ihrer Abteilung oder Ihres Teams?

_____

_____

_____

Was weckt die Leidenschaft und Begeisterung Ihrer Mitarbeiter?

_____

_____

_____

Wofür würden andere Sie bezahlen?

_____

_____

_____

Was rät Ihnen Ihr Gewissen?

_____

_____

_____

Wünsche und Bedürfnisse der Interessengruppen

Wie sieht Ihre Zielgruppe aus? Wer sind Ihre Kunden?

_____

_____

Was wollen und brauchen Ihre Kunden wirklich?

_____

_____

_____

Welche Anliegen, Probleme und Sorgen haben sie?

_____

_____

_____

Was wollen und brauchen die Kunden Ihrer Zielgruppe?

_____

_____

_____

Wie gestaltet sich der Markt in der Branche Ihrer Zielgruppe?

_____

_____

_____

Welche revolutionären Technologien oder Geschäftsmodelle könnten die Branche Ihrer Zielgruppe grundlegend verändern oder sogar komplett überflüssig machen?

_____

_____

_____

Was ist mit den Eigentümern? Den Menschen, die das Kapital zur Verfügung gestellt oder die Steuern bezahlt haben? Wie sehen ihre Wünsche und Bedürfnisse aus?

_____

_____

_____

Welche Wünsche und Bedürfnisse haben die Partner, die Mitarbeiter und die Dienstleister Ihrer Kunden?

_____

_____

_____

Was ist mit den Zulieferern und den Händlern – mit der ganzen Lieferkette?

_____

_____

_____

Und wie sieht es mit der Gesellschaft oder der Umwelt aus?

_____

_____

_____

Werte

Was sind die wichtigsten Werte Ihrer Abteilung oder Ihres Teams?

_____

_____

_____

Was ist der Hauptzweck Ihres Unternehmens, Ihrer Abteilung oder Ihres Teams?

_____

_____

_____

Welche Strategie verfolgen Sie, um diesen Zweck zu erreichen?

_____

_____

_____

Stehen Ihre Werte in Einklang mit dieser Strategie?

_____

_____

_____

Haben diese Werte auch dann Priorität, wenn großer Stress und Druck herrscht?

_____

_____

_____

_____

Der Film »Tor!«

Sehen Sie sich jetzt bitte den Film »Tor!« auf der DVD, die dem *8. Weg* beiliegt, oder online an. Achten Sie auf die Parallelen zwischen Sport und Beruf, wenn es darum geht, alle auf dasselbe große Ziel einzuschwören. Beantworten Sie dann die folgenden Fragen:

Welche Probleme standen dem Erfolg der Mannschaft der Kinder im Weg?

_____

_____

_____

_____

Kennen Sie die Schlüsselziele Ihres Unternehmens oder Ihres Teams? Kennen die anderen diese Ziele?

_____

_____

_____

_____

Falls Sie die Ziele kennen: Wecken diese Ziele Ihre Leidenschaft und Begeisterung? Wie steht es mit den anderen in Ihrem Team?

_____

_____

_____

_____

Ist Ihnen klar, was Sie tun können, um die Schlüsselziele zu erreichen? Was ist mit den anderen? Wissen sie, wie sie dazu beitragen können, damit die Ziele verwirklicht werden können?

_____

_____

_____

_____

So finden Sie die richtige Balance zwischen Gewinnen und Mission

Wenn Ihr Unternehmen keine entsprechenden Profite abwirft, nehmen Sie sich die Chance, Ihre Vision wahr werden zu lassen. Ziehen Sie in der untenstehenden Abbildung einen Kreis um die Begriffe, die auf Ihr Unternehmen oder Ihr Team zutreffen:

Herrscht in Ihrem Unternehmen ein gesundes Gleichgewicht zwischen Gewinn und Mission? Oder haben Sie bei einem der beiden Kreise mehr Begriffe gekennzeichnet als beim anderen? Für sich allein ist weder Gewinn noch Mission nachhaltig – der Schlüssel zum Erfolg liegt darin, eine ausgewogene Balance zu finden.

So entwickeln Sie eine Vision

Die gemeinsame Entwicklung einer Vision ist für Organisationen das, was das Vorbild-Sein für den Einzelnen ist: die Fähigkeit, das, was man besonders gut und gerne tut, mit dem zu verbinden, was die Kunden haben wollen. Das können Sie allerdings nur, wenn Sie wissen, was Ihren Interessengruppen am wichtigsten ist, sich Klarheit über Ihre eigene Mission und Ihre Werte verschaffen, ein Leitbild verfassen und eine Strategie haben, mit der Sie Ihre Stärken optimal auf die Bedürfnisse Ihrer Kunden abstimmen können.

So verfassen Sie ein Leitbild für Ihr Team

Ihr Leitbild sollte den Zweck Ihrer Organisation, Ihre Vision und Ihre Werte beschreiben. Falls Ihr Unternehmen, Ihr Team oder Ihre Familie noch kein Leitbild verfasst und noch keine Vision entwickelt und keine Werte festgelegt hat, sollten Sie das so schnell wie möglich nachholen. Damit Leitbilder ihre volle Wirkung entfalten können, sollten sie von Teammitgliedern verfasst werden, die gute Vorbilder sind. Denn: Gute Vorbilder können die Kraft der Identifikation optimal nutzen. Wenn der Identifikationsgrad bei Ihnen im Team nicht besonders hoch ist, sollten Sie eine Arbeitsgruppe bilden, die die Entwicklung des Leitbilds, der Vision und der Werte vorantreibt. Dabei können Ihre Antworten auf die Fragen zu den vier Realitäten eine Hilfe sein.

So erstellen Sie einen strategischen Plan

In Ihrem strategischen Plan beschreiben Sie, wie Sie Ihren Kunden und den anderen Interessengruppen Werte bieten wollen – er ist Ihr

Vorschlag für eine Wertschöpfung, die innere Stimme Ihres Teams. Und: Falls Sie einen strategischen Plan für Ihre Familie erstellen, dann besteht Ihre Interessengruppe aus deren Mitgliedern.

Beantworten Sie bitte die folgenden Fragen:

Wer sind Ihre Kunden und Interessengruppen?

_____

_____

_____

_____

_____

Welche Kunden und Interessengruppen wünschen Sie sich?

_____

_____

_____

_____

_____

_____

Was ist Ihren Kunden und Interessengruppen am wichtigsten?

_____

_____

_____

_____

Ist das, was Ihrem Team am wichtigsten ist, auch Ihren Kunden und Interessengruppen am wichtigsten? Weshalb oder weshalb nicht?

_____

_____

_____

_____

Welche Dienstleistungen oder Produkte bieten Sie an, die für Ihre Kunden und Interessengruppen einen Wert darstellen?

_____

_____

_____

_____

Wie wollen Sie neue Kunden gewinnen und Bestandskunden an sich binden? Stellen Sie einen Plan auf, um Ihre Ziele zu erreichen. Setzen Sie gleich konkrete Termine für die einzelnen Schritte:

Plan	Termin
1.	
2.	
3.	
4.	
5.	

Wenden Sie Ihre neuen Erkenntnisse an!

Beschäftigen Sie sich im nächsten Monat mit einem Teil oder mit allen der folgenden Aktivitäten, um Ihre neuen Erkenntnisse im Privat- und Berufsleben anzuwenden:

- Sehen Sie sich Ihre Antworten bei der Übung »So finden Sie Ihre Stärken als Visionär« auf der Seite 150 in diesem Workbook noch einmal an. Falls Sie noch keine klaren, messbaren Ziele für die Mitglieder Ihres Teams oder Ihrer Familie festgelegt haben, beginnen Sie gleich im nächsten Monat damit. Suchen Sie nach Antworten auf alle Fragen beim 2. Fragebogen, bei denen Sie mit »Nein« oder »Teilweise« geantwortet haben. Halten Sie Ihre Antworten im Journal am Ende dieses Workbooks fest.

- Sehen Sie sich die Übung »So finden Sie die richtige Balance zwischen Gewinnen und Mission« auf Seite 159 in diesem Workbook noch einmal an. Liegt eines der Probleme, das Sie dabei entdeckt haben, in Ihrem Einflussbereich? Dann sollten Sie sich mit den anderen Führungskräften zusammensetzen und überlegen, wie Sie die richtige Balance zwischen Gewinnen und Mission schaffen können.
- Sehen Sie sich das Leitbild, die Vision und die Werte Ihres Unternehmens, Ihres Teams oder Ihrer Familie noch einmal genauer an. Überleben/Körper, Wachstum und Entwicklung/Verstand, Beziehungen/Herz, Sinn, Integrität und Beitrag/Geist: Finden die vier menschlichen Grundbedürfnisse ausreichend Beachtung? Nein?! Dann sollten Sie Ihren Einflussbereich nutzen und dafür sorgen, dass alle vier Bedürfnisse angemessen berücksichtigt werden.
- Haben Sie noch kein Leitbild, keine Vision oder keine Werte für Ihr Unternehmen, Ihr Team oder Ihre Familie festgelegt? Dann sollten Sie sich gleich an die Arbeit machen.
- Bitten Sie mehrere Mitglieder Ihres Teams oder Ihrer Familie, zu beschreiben, wie sie mithelfen können, den strategischen Gesamtplan umzusetzen. Achten Sie darauf, ob es bestimmte Verhaltensmuster gibt, und halten Sie die Ergebnisse im Journal am Ende dieses Workbooks fest.
- Sehen Sie sich die Übung zur Erstellung Ihres strategischen Plans ab Seite 160 in diesem Workbook noch einmal an. Beginnen Sie im Laufe des nächsten Monats damit, Ihren Plan umzusetzen.
- Lesen Sie *Der Weg zu den Besten (Good to Great)* von James C. Collins.
- Bringen Sie mindestens zwei anderen Menschen die Hauptideen dieses Kapitels näher. Schreiben Sie ihre Namen hier auf:

_____

_____

_____

_____

_____

- Erzählen Sie Freunden, Kollegen und Familienmitgliedern von Ihren Erkenntnissen. Schreiben Sie ihre Namen auf:

  _____

  _____

  _____

  _____

  _____

  _____

KAPITEL 12

Die Stimme und Disziplin der Umsetzung: Als Koordinator Ziele und Systeme auf Ergebnisse ausrichten

Wer gute Leute in schlechte Systeme steckt, bekommt schlechte Ergebnisse. Blumen, die wachsen sollen, muss man gießen.

Lesen Sie bitte die Seiten 269 bis 288 in *Der 8. Weg*. Machen Sie sich mit den dort beschriebenen Grundprinzipien vertraut oder sehen Sie sich die Zusammenfassung im Anhang dieses Workbooks an.

Überblick der Grundprinzipien

- Im letzten Kapitel haben Sie daran gearbeitet, die wichtigsten Werte und Prioritäten Ihres Unternehmens, Ihres Teams oder Ihrer Familie festzulegen. In diesem Kapitel geht es um die Ausrichtung, um Ihre Rolle als Koordinator – darum, wie Sie dafür sorgen können, dass es Systeme und Strukturen in Ihrer Organisation gibt, die Ihre Werte und Prioritäten verstärken.

- Der Prozess der Ausrichtung kann eine intensive, manchmal schwierige Auseinandersetzung mit vielen »heiligen Kühen« erfordern. Den Leuten, die Sie dabei einbeziehen, könnte es widerstreben, etablierte Systeme und Traditionen in Frage zu stellen. Doch: Ihre Fähigkeiten als Vorbild und Visionär werden Ihnen helfen, diese Herausforderung zu meistern.

- Die Systeme von Unternehmen, Teams und Familien müssen sich an ihren zentralen Werten orientieren. Sonst herrscht eine Atmosphäre des Misstrauens. Wenn die Führung etwas Bestimmtes sagt, aber etwas völlig anderes tut, sind Konflikte vorprogrammiert. Deshalb gehört zu den wichtigsten Ergebnissen der Ausrichtung Vertrauen.

- Eine gute Ausrichtung erfordert die Disziplin, sich an das zu halten, was man sagt. Oder anders ausgedrückt: Sie müssen dafür sorgen, dass Ihre Prozesse, Belohnungen und Systeme mit Ihrer Vision und Ihren Werten im Einklang stehen.

- Jeder von uns ist perfekt darauf ausgerichtet, genau die Ergebnisse zu erzielen, die er tatsächlich bekommt. Wenn Sie nicht die gewünschten Ergebnisse erreichen, sollten Sie davon ausgehen, dass die Ausrichtung bei Ihnen nicht stimmt. Um wieder in die richtige Spur zu kommen, müssen Sie genau analysieren, weshalb Sie die gewünschten Ergebnisse nicht erreichen, und die Verhaltensweisen forcieren, die Ihnen die angestrebten Resultate bringen.

- Sicher erinnern Sie sich an die Geschichte aus dem *8. Weg* über das Unternehmen, das Kooperation wollte, aber Konkurrenz belohnte. Damit es Ihnen nicht genauso geht, sollten Sie Ihre Belohnungssysteme daraufhin untersuchen, ob Sie nicht unabsichtlich Verhaltensweisen honorieren, die Sie gar nicht haben wollen. Wenn Sie Kooperation wollen, sollten Sie ein Gewinn / Gewinn-System einrichten, das sie belohnt. Wenn Sie wollen, dass die Zimmer Ihrer Kinder aufgeräumt sind, sollten Sie eine Gewinn / Gewinn-Belohnung für Ordnung aussetzen. Wenn Sie Innovation wollen, sollten Sie eine Gewinn / Gewinn-Belohnung für neue Ideen einführen. Das kann man sehr gut mit einem Scoreboard erreichen. Wie Sie dabei vorgehen, lernen Sie in Kapitel 14.

- Die Ausrichtung ist ein nie endender Prozess, der ständige Überwachung und permanentes Feedback erfordert. Piloten müssen ihren Flugplan ja auch immer im Auge behalten und Kurskorrekturen vornehmen, um mit ihrem Flugzeug auf dem richtigen Weg zu bleiben. Führungskräfte müssen das genauso machen.

- Die Koordination und Ausrichtung macht es nötig, eine Balance zwischen der Produktion der gewünschten Ergebnisse (den Eiern) und dem Produzenten (der Gans) herzustellen. Wenn Sie die Gans schlachten, können Sie keine Eier mehr produzieren. Deshalb müssen Sie den Produzenten (der Gans – den Beziehungen und den Menschen) ebenso viel Aufmerksamkeit widmen wie den Endergebnissen (den Eiern – dem Geld, den Gewinnen oder einem aufgeräumten Haus).

Lernziele

Wenn Sie sich intensiv mit den Grundprinzipien aus diesem Kapitel befassen und sie konsequent umsetzen, werden Sie:

- herausfinden, ob Ihr Unternehmen, Ihr Team oder Ihre Familie tatsächlich an den Werten ausgerichtet ist, denen Sie sich verschrieben haben.
- die nötigen Schritte planen, um in Ihrer Organisation eine gute Ausrichtung und Koordination herzustellen.
- die wesentlichen Organisationselemente analysieren und herausfinden, ob zwischen den gewünschten Ergebnissen und den erzielten Ergebnissen eine Lücke besteht.

Wie gut ist die Ausrichtung Ihres Teams?

Bei der xQ™-Befragung von FranklinCovey sagten nur 48 Prozent der Befragten, dass ihre Organisationen den Werten, denen sie sich verschrieben haben, gerecht würden.

Lesen Sie die folgenden Aussagen und ziehen Sie einen Kreis um den Begriff, der am ehesten zutrifft:

Meine Familie wird unseren Werten immer / manchmal / selten gerecht.

Mein Team wird seinen Werten immer / manchmal / selten gerecht.

_____ (fügen Sie den Namen Ihres Unternehmens ein) wird seinen Werten immer / manchmal / selten gerecht.

Prozesse, Strukturen, Menschen, Informationen, Entscheidungen und Belohnungen: Um eine gute Ausrichtung bei einem System zu erreichen, sollten Sie sich die Organisationselemente noch einmal im Hinblick auf Ihr Team ansehen. Beantworten Sie dazu bitte die folgenden Fragen:

	Ziehen Sie einen Kreis um die Antwort, die am ehesten auf Sie zutrifft:	
Die Strukturen, Systeme und Prozesse in unserem Team:		
… befähigen die Leute, unsere Top-Prioritäten umzusetzen.	Ja	Nein
… behindern die Umsetzung unserer Top-Prioritäten.	Ja	Nein
… stehen mit den Werten im Einklang, denen wir uns verschrieben haben.	Ja	Nein
… fördern heilige Kühe, die nicht mit unserem Leitbild und unserem strategischen Plan in Einklang stehen.	Ja	Nein
… wecken Vertrauen.	Ja	Nein

Machen Sie nun eine tiefere Analyse und beantworten Sie den folgenden Fragebogen im Hinblick auf Ihre Arbeit, Ihr Unternehmen, Ihr Team oder Ihre Organisation: Schlüssel: 1 = schlecht, 2 = mäßig, 3 = gut, 4 = sehr gut, 5 = hervorragend.

Prozesse					
Prozesse ermöglichen es uns, unsere Arbeit effektiv und effizient zu machen.	①	②	③	④	⑤
Unnötige Aufgaben werden gestrichen und umständliche Arbeitsabläufe werden verbessert.	①	②	③	④	⑤
Die einzelnen Schritte sind klar und wiederholbar.	①	②	③	④	⑤
Die Leute, die die Prozesse ausführen, werden in die Umgestaltung einbezogen.	①	②	③	④	⑤
Punktzahl Prozesse					

Struktur					
Durch unsere Struktur sind die Rollen im Team genau festgelegt. So stellen wir sicher, dass alle das Wissen und die Fähigkeiten haben, um effektiv zu sein.	①	②	③	④	⑤
Es ist klar, wer wem unterstellt ist und wer wem Bericht erstatten soll.	①	②	③	④	⑤
Wir können unsere Arbeit ohne übermäßigen Verwaltungsaufwand erledigen.	①	②	③	④	⑤
Die Struktur unseres Teams hilft uns, effektiv mit den wichtigsten Interessengruppen zusammenzuarbeiten.	①	②	③	④	⑤
Punktzahl Struktur					

Menschen					
Unser Einstellungsverfahren ermöglicht es uns, Mitarbeiter zu finden, die die richtige berufliche Qualifikation haben und gut in unser Team passen.	①	②	③	④	⑤
Wir haben effektive Systeme, um Mitarbeiter so zu schulen, dass sie mit den immer neuen Anforderungen in ihren Jobs Schritt halten können.	①	②	③	④	⑤
Die Mitarbeiter bekommen Aufgaben, die ihnen helfen, Neues zu lernen und ihre Fähigkeiten weiter auszubauen.	①	②	③	④	⑤
Unsere Systeme machen es den richtigen Leuten leicht, befördert zu werden.	①	②	③	④	⑤
Punktzahl Menschen					

Informationen

	①	②	③	④	⑤
Alle wichtigen Informationen sind leicht zugänglich und gut nutzbar.	①	②	③	④	⑤
Informationen gehen immer zuerst zu der Person, die sie am dringendsten braucht.	①	②	③	④	⑤
Die Mitarbeiter wissen, dass andere Aufgaben übernehmen, die relevant für sie sind.	①	②	③	④	⑤
Es gibt ein effektives System für den Austausch von neuem Wissen.	①	②	③	④	⑤
Punktzahl Informationen					

Entscheidungen

	①	②	③	④	⑤
Bei Entscheidungen werden die Leute, die sich am besten auskennen, nach ihrer Meinung gefragt.	①	②	③	④	⑤
Entscheidungen werden auf Grundlage des Leitbilds, der Werte, der Vision und der Strategie getroffen.	①	②	③	④	⑤
Entscheidungen werden zur richtigen Zeit getroffen.	①	②	③	④	⑤
Es ist genau festgelegt, wer welche Entscheidungen trifft.	①	②	③	④	⑤
Punktzahl Entscheidungen					

Belohnungen

	①	②	③	④	⑤
Für gute Leistungen bekommen die Mitarbeiter ausreichend Anerkennung.	①	②	③	④	⑤
Schlechte Leistungen werden konstruktiv behandelt.	①	②	③	④	⑤
Die Mitarbeiter werden fair bezahlt – sowohl im Verhältnis zueinander als auch im Hinblick auf den lokalen Arbeitsmarkt.	①	②	③	④	⑤
Die Belohnungen richten sich danach, was für die einzelnen Mitarbeiter wichtig ist, und werden nicht ohne Absprache festgelegt.	①	②	③	④	⑤
Punktzahl Belohnungen					

In welcher Kategorie ist Ihre Punktzahl am höchsten?

_____

_____

Wo ist Ihre Punktzahl am niedrigsten?

_____

_____

Was können Sie innerhalb Ihres Einflussbereichs tun, um zu Verbesserung in der Kategorie mit dem niedrigsten Wert beizutragen?

_____

_____

_____

_____

_____

_____

_____

_____

So verbessern Sie die Ergebnisse Ihrer Familie

Besteht zwischen den von Ihnen gewünschten Ergebnissen (Hausaufgaben, Pünktlichkeit, Mithilfe im Haushalt) und den tatsächlichen Resultaten (schlechte Noten, Unpünktlichkeit, Unordnung) eine Lücke? Von welchen Verhaltensweisen würden Sie Ihre Familie gerne abbringen?

_____

_____

_____

_____

Zu welchen Verhaltensweisen würden Sie Ihre Familie gerne ermuntern?

_____

_____

_____

_____

Gibt es eine Belohnungsstruktur? Und wenn ja – wie sieht sie aus? Denken Sie bei Ihrer Antwort bitte daran, dass auch das Ignorieren einer Verhaltensweise eine Form der Belohnung ist:

_____

_____

_____

Was sollten Sie ändern? Belohnen Sie die richtigen Verhaltensweisen?

_____

_____

_____

_____

So verbessern Sie die Ergebnisse Ihres Teams

Der Schlüssel für eine gute Ausrichtung ist, immer bei den Ergebnissen zu beginnen. Stellen Sie sich bitte folgende Fragen zu Ihrem Team:

Welche Ergebnisse erzielen Sie?

_____

_____

_____

_____

Sind die Interessengruppen mit der Rendite für ihre Investitionen zufrieden?

_____

_____

_____

_____

Was ist mit den Mitgliedern Ihres Teams? Sind sie mit den Renditen ihrer physischen, emotionalen, mentalen und spirituellen Investitionen zufrieden?

_____

_____

_____

_____

_____

Was ist mit den Zulieferern?

_____

_____

_____

Haben Sie das Gefühl, für die Kinder und Schulen, die Umwelt und das Umfeld, in dem Ihre Mitarbeiter arbeiten und leben, sozial verantwortlich zu sein?

_____

_____

_____

_____

_____

Wie schneiden Ihre Interessengruppen, Mitarbeiter und Kunden hinsichtlich der Ergebnisse im Vergleich zu absoluten Top-Standards ab?

_____

_____

_____

Wenden Sie Ihre neuen Erkenntnisse an!

Beschäftigen Sie sich im nächsten Monat mit einem Teil oder mit allen der folgenden Aktivitäten, um Ihre neuen Erkenntnisse im Privat- und Berufsleben anzuwenden:

- Sehen Sie sich die Übung »Wie gut ist die Ausrichtung Ihres Teams?« auf den Seiten 168 bis 172 in diesem Workbook noch einmal an. Haben Sie bei einer der Kategorien mit »manchmal« oder »selten« geantwortet? Weshalb? Was verursacht die Lücke zwischen den Werten, denen sich Ihr Team verschrieben hat, und dem tatsächlichen Verhalten? Was können Sie tun, um diese Situation zu verbessern? Arbeiten Sie im kommenden Monat daran, die Lücke zwischen den Werten und dem Verhalten zu schließen.
- Gehen Sie die Übung »So verbessern Sie die Ergebnisse Ihrer Familie« auf der Seite 173 in diesem Workbook noch einmal durch. Führen Sie im kommenden Monat ein neues Belohnungssystem ein. Beobachten Sie, wie es das Verhalten der Familienmitglieder beeinflusst. Notieren Sie die Ergebnisse im Journal am Ende dieses Workbooks.
- Sehen Sie sich Ihre Schlussfolgerungen bei der Übung zur Ausrichtung Ihres Teams noch einmal an. Was können Sie im nächsten Monat tun, um die Schwachstellen, die Sie erkannt haben, zu verbessern? Halten Sie die Ergebnisse im Journal am Ende dieses Workbooks fest.

- Bringen Sie mindestens zwei anderen Menschen die Hauptideen dieses Kapitels näher. Schreiben Sie ihre Namen hier auf:

  _____

  _____

  _____

- Erzählen Sie Freunden, Kollegen und Familienmitgliedern von Ihren Erkenntnissen. Schreiben Sie ihre Namen auf:

  _____

  _____

  _____

KAPITEL 13
Die Stimme der Befähigung: Als Coach Leidenschaft und Talent freisetzen

> *Am besten kann man die Leute zu herausragenden Leistungen inspirieren, wenn man sie durch alles, was man tut, und durch seine Einstellung Tag für Tag davon überzeugt, dass man sie rückhaltlos unterstützt.*
> HAROLD S. GENEEN,
> EHEMALIGER VORSITZENDER VON ITT

Lesen Sie bitte die Seiten 289 bis 313 in *Der 8. Weg*. Machen Sie sich mit den dort beschriebenen Grundprinzipien vertraut oder sehen Sie sich die Zusammenfassung im Anhang dieses Workbooks an.

Überblick der Grundprinzipien

- Die *Befähigung* und Ihre Rolle als Coach sind das Resultat der drei anderen Rollen effektiver Führung (Vorbild, Visionär und Koordinator). Je größer Ihre Vertrauenswürdigkeit ist, desto besser können Sie Ihre Rolle als Coach ausfüllen. Wenn Sie ein Vorbild sind und Vertrauen wecken, wenn Sie als Visionär eine Vision entwickeln und als Koordinator für eine gute Ausrichtung sorgen, dann können Sie anfangen, die Leidenschaft, die Energie und die Motivation Ihrer Organisation, Ihres Teams oder Ihrer Familie zu wecken. Mit anderen Worten: Dann können Sie andere befähigen und dazu inspirieren, ihre innere Stimme zu finden.

- Im Zeitalter der Informations- und Wissensarbeit ist es unerlässlich, sich diese Stimme zu erschließen und andere zu befähigen, da die Wertschöpfung von den Produkten auf die Menschen übergegangen ist. Die Mitarbeiter sind der wichtigste Aktivposten Ihres Teams. *Wissensarbeiter* werden zu den Organisationen wechseln, die ihnen die besten Möglichkeiten bieten. Sie werden sich für die Teams, Abteilungen oder Unternehmen *entscheiden*, die sie befähigen und ihren inneren Stimmen Gehör schenken.
- Es gibt *vor allem drei Gründe*, weshalb die Befähigung misslingt:
  - Die Führungskräfte haben Angst davor, loszulassen.
  - Die Systeme sind nicht oder falsch ausgerichtet.
  - Den Führungskräften fehlt es an den nötigen Fähigkeiten.
- Wenn Sie die drei ersten Rollen effektiver Führung beherrschen, haben Sie diese Hindernisse überwunden und die allerbesten Voraussetzungen, um Ihre Mitarbeiter zu befähigen.
- *Autonomie unter Anleitung* bedeutet, dass man die Mitarbeiter nicht kontrolliert, sondern befähigt. Man entwickelt eine Co-Mission für sie, räumt ihnen Hindernisse aus dem Weg und bietet ihnen Hilfe und Unterstützung.
- Erfolgreiche Befähigung beruht auf der inneren Verpflichtung, *Gewinn / Gewinn-Vereinbarungen* mit den Teammitgliedern zu schließen. Es geht darum, dass sich die vier Bedürfnisse eines Unternehmens oder Teams (finanzielle Gesundheit, Wachstum und Entwicklung, synergetische Beziehungen und sinnvolle Beiträge) mit den vier Bedürfnissen des Einzelnen (leben – wirtschaftlich, lernen – mental, lieben – sozial / emotional, ein Lebenswerk schaffen – spirituell) überschneiden.
- Sie fragen sich jetzt vielleicht, was mit der Eigenverantwortung der Mitarbeiter ist. Wenn Sie Ihr Team befähigen, kann das *die Verantwortlichkeit* sogar *erhöhen*. Denn: Befähigte Mitarbeiter sind nicht nur für sich selbst verantwortlich, sondern können ihre Leistungen auch selbst am allerbesten einschätzen. Studien zeigen, dass die Selbstbeurteilung gerade bei Leuten, die konstruktives Feedback von ihren Kollegen bekommen, wesentlich strenger ist als die Bewertung durch die Vorgesetzten. Deshalb wäre es auch grundfalsch, die Mitarbeiter erst zu befähigen und dann zu sagen: »Ich kann mich aber nicht darauf verlassen, dass Sie im Hinblick auf Ihre Leistungen ehrlich sind!« Das wäre ein

Musterbeispiel für eine schlechte Ausrichtung der Werte und Ergebnisse.
- Wenn Sie Ihr Team befähigen wollen, müssen Sie ein *dienender Vorgesetzter sein* und Ihre Mitarbeiter mit Hilfe der folgenden Fragen *unterstützen*:
  – Wie läuft es?
  – Was lernen Sie gerade?
  – Welche Ziele haben Sie?
  – Wie kann ich Ihnen helfen?
  – Sind Sie mit meiner Unterstützung zufrieden?
- Wenn Sie Ihre Mitarbeiter befähigen und unterstützen, wird Vertrauen als Verb und als Substantiv in Ihrem Team praktiziert. Es wird geteilt und erwidert.
- Vielleicht denken Sie jetzt: »Das ist zwar eine tolle Idee, aber für mein Team bringt das nichts. Ich brauche keine befähigten Mitarbeiter, sondern nur Leute, die mir ganz einfache Aufgaben abnehmen.« Doch das ist ein Irrtum: Wenn Sie das Paradigma der *ganzen Person* beherzigen, kann jede Tätigkeit eine Aufgabe für Wissensarbeiter werden.

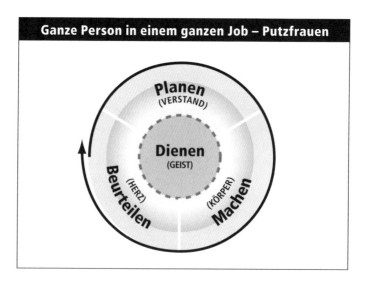

- Die Geschichte von den Putzfrauen im *8. Weg* auf den Seiten 305 bis 308 und das Beispiel der Grameen Bank auf den Seiten 20 bis 24 liefern den Beweis: Wenn Sie auch die Leute auf den un-

tersten Ebenen befähigen, *erschließen Sie sich ihr gesamtes Potenzial.* Dann können nicht nur die Mitarbeiter, sondern auch Sie selbst die Früchte ihrer Kreativität ernten.
- Nur 45 Prozent der Teilnehmer an der xQ™-Befragung hatten das Gefühl, dass ihre Leistungen im Job ausreichend anerkannt werden. Wenn Sie die übrigen 55 Prozent befähigen, könnten Sie *die Kreativität und den Einfallsreichtum von 100 Prozent Ihrer Leute freisetzen und nutzen.*

Lernziele

Wenn Sie sich intensiv mit den Grundprinzipien aus diesem Kapitel befassen und sie konsequent umsetzen, werden Sie:

- lernen, wie Sie durch die Befähigung der Mitarbeiter die Verantwortlichkeit vergrößern können.
- verstehen, wie Sie ein dienender Führer sein können.
- das Paradigma der ganzen Person umsetzen, sodass Sie alle Tätigkeiten zu Aufgaben von Wissensarbeitern machen können.
- herausfinden, ob Sie unbewusst Unverantwortlichkeit ermöglichen, und die entsprechenden Schritte einleiten, um das zu korrigieren.

So analysieren Sie effektive Gewinn / Gewinn-Situationen

Gewinn / Gewinn-Vereinbarungen sind eine effektive Methode, um die Erwartungen zu klären, Ihre Denkweise auf den beiderseitigen Vorteil zu richten und eine innere Verpflichtung gegenüber den gewünschten Ergebnissen aufzubauen.

Denken Sie an ein Projekt, bei dem Sie wirklich gute Ergebnisse erzielen konnten. Weshalb waren Sie gerade hier voller Vertrauen und Zuversicht?

_____

_____

_____

Wie hätten die Gewinn / Gewinn-Elemente bei diesem Projekt ausgesehen, wenn Sie eine formelle Vereinbarung entworfen hätten?

_____

_____

_____

_____

Gewünschte Ergebnisse _____

_____

_____

Richtlinien _____

_____

_____

Ressourcen _____

_____

_____

Verantwortlichkeit ———————————————————

———————————————————————————————

———————————————————————————————

Konsequenzen ———————————————————

———————————————————————————————

———————————————————————————————

So profitieren Sie vom Paradigma der ganzen Person

Lesen Sie jetzt bitte »Die Geschichte von den Putzfrauen« auf den Seiten 305 bis 308 im *8. Weg*. Ziehen Sie dann einen Kreis um die Aussage, die Ihren Führungsstil am besten beschreibt:

1. Wenn ich anderen Aufgaben übertrage,
    a. sage ich ihnen ganz genau, was sie tun sollen, und beschreibe dann Schritt für Schritt, wie sie vorgehen sollen.
    b. beschreibe ich ihnen detailliert, was gemacht werden muss, und gebe ihnen dann einige Richtlinien vor, wie es gemacht werden soll.
    c. spreche ich über meine Vorstellung davon, was passieren muss. Dann lasse ich die Leute selbst entscheiden, wie sie die Aufgabe angehen wollen, bin aber immer für sie da, wenn sie Unterstützung brauchen.

2. Wenn meine Mitarbeiter mich um Hilfe bitten,
    a. finde ich heraus, wo genau das Problem liegt, und sage ihnen dann genau, wie sie es lösen sollen.
    b. finde ich heraus, was ich unbedingt wissen muss, um ihnen weiterzuhelfen, und biete ihnen dann meine Unterstützung an.

c. finde ich heraus, was ich unbedingt wissen muss, um ihnen weiterzuhelfen, und mache Vorschläge zu den Punkten, bei denen mein Wissen gefragt ist.
3. Wenn etwas schiefgeht,
   a. bringe ich die Sache in Ordnung – dafür werde ich ja schließlich bezahlt.
   b. zeige ich den Mitarbeitern, wie sie das Problem lösen können, und helfe ihnen dabei.
   c. bitte ich um Lösungsvorschläge und gebe Empfehlungen, wenn das nötig ist.
4. Wenn wir unsere Arbeit vor anderen präsentieren,
   a. repräsentiere ich das Team.
   b. arbeite ich eng mit dem Team zusammen, um festzulegen, wer was vortragen sollte und wie.
   c. überlasse ich die Präsentation denjenigen, die die Arbeit machen.
5. Wenn Entscheidungen zu treffen sind,
   a. müssen sie immer über mich laufen.
   b. arbeite ich daran, meinen Mitarbeitern zu helfen, mehr eigene Entscheidungen zu treffen.
   c. treffen die Leute eigene Entscheidungen in gemeinsam abgestimmten Kompetenzbereichen, stimmen sich aber mit mir ab, wenn sie über diese Bereiche hinausgehen wollen.
6. Für die Leute, die ich führe, gilt:
   a. Wenn ich weg bin, scheint nicht allzu viel erledigt zu werden.
   b. Ich arbeite eng mit ihnen zusammen, um festzulegen, wer was bis wann machen soll.
   c. Ich weiß, woran sie arbeiten, mische mich aber kaum in die Details ein.

Wie eng reflektiert Ihr Führungsstil das Paradigma der ganzen Person? Weshalb?

_____

_____

_____

_____

Wie könnte Ihr Stil sich auf die Leute auswirken, mit denen Sie arbeiten?

_____

_____

_____

_____

Beantworten Sie die obigen Fragen jetzt bitte im Hinblick auf Ihre Familie.

_____

_____

_____

_____

Entspricht Ihr Führungsstil bei der Arbeit Ihrem Führungsstil in der Familie? Falls nicht: Weshalb?

___

Der Film »Die Natur der Führung«

Sehen Sie sich jetzt bitte den Film »Die Natur der Führung« auf der DVD, die dem *8. Weg* beiliegt, oder online an. Denken Sie dann mit Blick auf Ihr eigenes Leben über die Grundprinzipien dieses Führungsmodells nach.

Wie wollen Sie diese Prinzipien verinnerlichen und zur Basis Ihres Handelns machen?

___

So erkennen Sie die Auswirkungen von widerwilligem Gehorsam

Was würde passieren, wenn Sie sich *ausschließlich* an die Aufgabenbeschreibung für Ihren Job halten und nichts tun würden, was außerhalb davon liegt?

_____

_____

_____

_____

Was würde passieren, wenn die Leute in Ihrem Team das auch machen würden?

_____

_____

_____

_____

Was sagt Ihre Antwort über Ihre Arbeit und vor allem über den Grad Ihres Engagements aus? Arbeiten Sie auch außerhalb der Jobbeschreibung? Weshalb?

_____

_____

_____

_____

Wenden Sie Ihre neuen Erkenntnisse an!

Beschäftigen Sie sich im nächsten Monat mit einem Teil oder mit allen der folgenden Aktivitäten, um Ihre neuen Erkenntnisse im Privat- und Berufsleben anzuwenden:

Denken Sie an die Geschichte von der Mutter, die ihren Kindern mangelnde Verantwortung durchgehen ließ, ohne es zu wollen. Die Geschichte können Sie im *8. Weg* auf den Seiten 290 bis 293 nachlesen.
    Wie sieht es in Ihrer Familie aus? Unterstützen Sie fehlende Verantwortung, ohne es zu wollen? Wie?

_____

_____

_____

_____

_____

Was können Sie tun, um Ihre Beziehung zu Ihrer Familie zu stärken?

_____

_____

_____

_____

_____

Wie können Sie Ihren Kindern besser vermitteln, wie groß ihr Wert und ihr Potenzial sind?

_____

_____

_____

_____

Was werden Sie konkret unternehmen, um das Vertrauen innerhalb Ihrer Familie zu vergrößern?

_____

_____

_____

_____

Welches Training benötigen Sie selbst, um den anderen helfen zu können?

_____

_____

_____

_____

Halten Sie die Ergebnisse fest, die Sie gern sehen würden. Vielleicht möchten Sie sich in diesem Zusammenhang noch einmal die Übung zur Fokussierung auf die Ergebnisse in der Familie in diesem Workbook auf Seite 173 ansehen?

_____

_____

_____

_____

_____

Welche *Ihrer* Verhaltensweisen müssen Sie ändern, um die Situation verbessern zu können? Sie wissen ja: Sie haben nur die Kontrolle über sich selbst, nicht über die anderen. Deshalb müssen Sie die von Ihnen gewünschten Ergebnisse aktiv fördern.

_____

_____

_____

_____

_____

_____

- Erstellen Sie einen Plan für die Änderung *Ihres* Verhaltens. Setzen Sie Ihren Plan in den nächsten vier Wochen um und schließen Sie mit Ihrer Familie eine neue Gewinn / Gewinn-Vereinbarung. Verwenden Sie das folgende Formular als Anregung:

Gewinn / Gewinn-Vereinbarung	
Gewünschte Ergebnisse: Welches Ziel haben wir im Sinn? Welche Ergebnisse wollen wir erreichen?	
Richtlinien: An welche Regeln wollen wir uns halten? Wie sehen die Richtlinien für das Erreichen der gewünschten Ergebnisse aus?	
Ressourcen: Mit welchen Ressourcen können wir arbeiten – beispielsweise Menschen, Geld, Hilfsmittel oder Technik?	
Verantwortlichkeit: Wie können wir kontrollieren, wie gut wir vorankommen?	
Konsequenzen: Welche Belohnungen bekommen wir, wenn wir die gewünschten Ergebnisse erzielen? Welche Konsequenzen hätte es, wenn wir sie nicht erreichen würden?	

Die Gewinn / Gewinn-Vereinbarung für die Geschichte auf den Seiten 290 bis 293 im *8. Weg* hätte zum Beispiel so aussehen können:

Gewinn / Gewinn-Vereinbarung	
Gewünschte Ergebnisse: Welches Ziel haben wir im Sinn? Welche Ergebnisse wollen wir erreichen?	Die Kinder sollen selbst für sich verantwortlich sein; die Mutter soll nicht so unter Stress stehen; der Morgen soll für alle angenehmer werden.
Richtlinien: An welche Regeln wollen wir uns halten? Wie sehen die Richtlinien für das Erreichen der gewünschten Ergebnisse aus?	Die Kinder sollen aufstehen, wenn ihre Wecker klingeln; die Eltern sollen sie nicht zum Aufstehen und zur Eile ermahnen müssen.
Ressourcen: Mit welchen Ressourcen können wir arbeiten – beispielsweise Menschen, Geld, Hilfsmittel oder Technik?	Eltern, Waschmaschine, Wecker.
Verantwortlichkeit: Wie können wir kontrollieren, wie gut wir vorankommen?	Alle sind spätestens um Viertel vor 7 unten; es gibt hin und wieder Besprechungen, um die Fortschritte zu überprüfen.
Konsequenzen: Welche Belohnungen bekommen wir, wenn wir die gewünschten Ergebnisse erzielen? Welche Konsequenzen hätte es, wenn wir sie nicht erreichen würden?	Wer sich verspätet, muss früher ins Bett; der Morgen wird für alle entspannter.

- Sehen Sie sich Ihre Antworten bei der Übung »So profitieren Sie vom Paradigma der ganzen Person« auf Seite 183 in diesem Workbook noch einmal an. Sehen Sie sich noch einmal die Fragen an, bei denen Sie sich für Antwort a entschieden haben:

    – Weshalb haben Sie diese Antwort gewählt?

    _____

    – Wäre es möglich, stattdessen vom Paradigma der ganzen Person zu profitieren?

    _____

    – Falls nicht: Weshalb? Wo liegen die Hindernisse?

    _____

– Was könnten Sie tun, um diese Hindernisse aus dem Weg zu räumen?

_____

_____

_____

In den meisten Organisationen gibt es zu viel Management und zu wenig Führung. Wenn es auch Ihnen schwerfällt, die Kontrolle aufzugeben, stecken Sie in einer typischen Manager-Einstellung fest. Doch: Solange Sie dieses Hindernis nicht überwinden, werden Sie kein Vertrauen aufbauen und andere auch nicht befähigen können.

■ Arbeiten Sie im nächsten Monat daran, die Rolle eines dienenden Führers zu übernehmen, indem Sie Fragen wie die in der folgenden Abbildung stellen. Schreiben Sie Ihre Ergebnisse in das Journal am Ende dieses Workbooks. Hängen Sie sich eine Kopie dieser Fragen an die Wand. Dann haben Sie immer vor Augen, welche Verhaltensweisen Sie anstreben müssen, um die Rolle eines dienenden Führers übernehmen zu können.

Dienender Führer

(Gegenseitige Verantwortlichkeit)

❶ **Wie läuft es?** (Scoreboard, Daten)
❷ **Was lernen Sie gerade?**
❸ **Was sind Ihre Ziele?**
❹ **Wie kann ich Ihnen helfen?**
❺ **Wie gut bin ich als Helfer?**

- Beurteilen Sie die Möglichkeiten Ihres Teams und Ihrer Familie, das Paradigma der ganzen Person umzusetzen. Wenn Sie Anregungen brauchen, lesen Sie dazu bitte noch einmal die Texte ab Seite 307 im *8. Weg*. Gibt es Beziehungen oder Arbeitsbereiche, die von einer Befähigung profitieren könnten? Schreiben Sie Ihre Ergebnisse in das Journal am Ende dieses Workbooks.

- Lesen Sie *Entdecken Sie Ihre Stärken jetzt! (Now Discover Your Strengths)* von Marcus Buckingham und Donald O. Clifton.

- Bringen Sie mindestens zwei anderen Menschen die Hauptideen dieses Kapitels näher. Schreiben Sie ihre Namen hier auf:

  _____

  _____

  _____

  _____

- Erzählen Sie Freunden, Kollegen und Familienmitgliedern von Ihren Erkenntnissen. Schreiben Sie ihre Namen auf:

  _____

  _____

  _____

  _____

  _____

KAPITEL 14
Der 8. Weg und der ideale Punkt

Der Unterschied zwischen dem, was wir tun, und dem, wozu wir fähig sind, würde die meisten Probleme auf der Welt lösen.
GANDHI

Lesen Sie bitte die Seiten 317 bis 344 in *Der 8. Weg*. Machen Sie sich mit den dort beschriebenen Grundprinzipien vertraut oder sehen Sie sich die Zusammenfassung im Anhang dieses Workbooks an.

Überblick der Grundprinzipien

- Um anderen dabei zu helfen, ihre innere Stimme zu finden, füllen erfolgreiche Führungskräfte die vier Rollen effektiver Führung wie folgt aus:
  - *Vorbild:* Weckt Vertrauen, ohne es zu erwarten (persönliche moralische Autorität).
  - *Visionär:* Sorgt für Ordnung, ohne sie einzufordern (visionäre moralische Autorität).
  - *Koordinator:* Fördert eine Vision und Befähigung, ohne das andauernd zu betonen (institutionalisierte moralische Autorität).
  - *Coach:* Setzt ohne Motivation von außen das menschliche Potenzial frei (kulturelle moralische Autorität).
- Die vier Rollen effektiver Führung lassen sich letztlich in zwei Wörtern zusammenfassen: *Fokus* und *Umsetzung*. Der Fokus umfasst die Rollen als Vorbild und Visionär, die Umsetzung die Rollen als Koordinator und Coach.
- Die Umsetzung – die Ausrichtung und die Befähigung – ist in den meisten Organisationen, auch in den Familien, das größte

Problem. Allerdings wird es sträflich vernachlässigt. In Organisationen gibt es sechs Haupttreiber für die Umsetzung. Diese Treiber gelten auch für alle anderen Rollen in Ihrem Leben:
- *Klarheit:* Die Leute kennen die Ziele und Prioritäten.
- *Verpflichtung:* Die Leute sind in die Festsetzung der Ziele und Prioritäten einbezogen und fühlen sich ihnen deshalb auch verpflichtet.
- *Aktion:* Die Leute wissen, was sie tun können, um dazu beizutragen, dass die Ziele erreicht werden.
- *Ermöglichung:* Die Leute haben die nötigen Strukturen, die Systeme und Freiheit, damit sie ihre Arbeit gut machen können.
- *Synergie:* Die Leute arbeiten gut zusammen und finden dritte Alternativen.
- *Verantwortung:* Die Leute ziehen sich regelmäßig gegenseitig zur Rechenschaft.

■ Es gibt drei Formen wahrer Größe: *persönliche* Größe, Größe *bei der Führung* und Größe *von Organisationen*.

- Der ideale Punkt des *8. Weges* befindet sich dort, wo die drei Bereiche der Größe sich überschneiden und zu den 4 Disziplinen erfolgreicher Umsetzung führen. Wenn Sie die 4 Disziplinen konsequent anwenden, können Sie Schwachstellen bei der Umsetzung überwinden und die Fähigkeit von Familien, Teams und Unternehmen verbessern, ihre Ziele zu erreichen. Die 4 Disziplinen sind:
  - *Disziplin 1:* Auf das absolut Wichtige fokussieren (immer nur einige wenige Ziele).
  - *Disziplin 2:* Ein zuverlässiges Mess-System erstellen (ein Scoreboard für die Auflistung der Ziele und die Überprüfung der Fortschritte).
  - *Disziplin 3:* Große Ziele in konkrete Schritte unterteilen (Erstellung von nach Prioritäten geordneten Aufgabenlisten für das Erreichen des Ziels).
  - *Disziplin 4:* Sich gegenseitig in die Pflicht nehmen – jederzeit (die Fortschritte verfolgen, Anreize und Belohnungen bieten oder erforderliche Korrekturen vornehmen).

Lernziele

Wenn Sie sich intensiv mit den Grundprinzipien aus diesem Kapitel befassen und sie konsequent umsetzen, werden Sie:

- verstehen, wie persönliche Größe, Größe bei der Führung und Größe von Organisationen gemeinsam den idealen Punkt des *8. Weges* ergeben.
- Ihrem Team, Ihrem Unternehmen oder Ihrer Familie einen Fokus liefern können, indem Sie ein Scoreboard für die Ziele, die oberste Priorität haben, anlegen.
- eine bessere Umsetzung erreichen, indem Sie sich mit den sechs Haupttreibern befassen, sie verbessern und die großen Ziele in konkrete Schritte für sich selbst und Ihr Team unterteilen.
- sich mit Hilfe von Verantwortlichkeits-Besprechungen auf wichtige Probleme konzentrieren (Triage-Berichterstattung).
- die mit dem idealen Punkt des *8. Weges* verbundene Kraft spüren, wenn Sie und Ihr Team sich auf den Weg zu wahrer Größe machen.

So analysieren Sie die sechs Haupttreiber für die Umsetzung

Wählen Sie zwei der unten aufgeführten Haupttreiber und beschreiben Sie einen Fall in Ihrem Unternehmen, Ihrem Team oder Ihrer Familie, bei dem diese Treiber besonders gut oder extrem schlecht umgesetzt wurden.

Klarheit: Die Leute kennen die Ziele und Prioritäten.

_____

_____

_____

_____

Verpflichtung: Die Leute sind in die Festsetzung der Ziele und Prioritäten einbezogen und fühlen sich ihnen deshalb auch verpflichtet.

_____

_____

_____

_____

Aktion: Die Leute wissen, was sie tun können, um dazu beizutragen, dass die Ziele erreicht werden.

_____

_____

_____

_____

Ermöglichung: Die Leute haben die nötigen Strukturen, die Systeme und Freiheit, damit sie ihre Arbeit gut machen können.

_____

_____

_____

Synergie: Die Leute arbeiten gut zusammen und finden dritte Alternativen.

_____

_____

_____

Verantwortung: Die Leute ziehen sich regelmäßig gegenseitig zur Rechenschaft.

_____

_____

_____

Was hat dazu beigetragen, dass diese Haupttreiber besonders gut oder extrem schlecht umgesetzt wurden?

_____

_____

_____

Der ideale Punkt

Wenn wir beim Tennis oder beim Golf den kleinen Ball mit dem idealen Punkt des Schlägers treffen, merken wir das sofort. Es versetzt uns in Hochstimmung! Es fühlt sich unglaublich gut an. Ohne große Anstrengung setzt der ideale Punkt des Schlägers eine geradezu explosive Kraft frei und der Ball fliegt wesentlich schneller und weiter als sonst.

Im *8. Weg* steht der ideale Punkt für die Kraft, die entfesselt wird, wenn wir als Einzelperson und als Team unsere innere Stimme finden. Beschreiben Sie, wie Sie in einem Team gearbeitet haben, das den idealen Punkt traf. Was passierte, als persönliche Größe, Größe bei der Führung und Größe der Organisation zusammenkamen:

_____

_____

_____

_____

_____

_____

Welche außergewöhnlichen Ergebnisse konnten Sie mit diesem Team erzielen?

_____

_____

_____

_____

_____

Schildern Sie Ihre Gefühle in Bezug auf Ihre Arbeit in diesem Team. Was war besonders gut?

_____

_____

_____

_____

_____

So entdecken Sie die 4 Disziplinen erfolgreicher Umsetzung

Die 4 Disziplinen erfolgreicher Umsetzung sind das Ergebnis des idealen Punkts, an dem persönliche Größe, Größe bei der Führung und Größe der Organisation zusammentreffen.

Disziplin 1: Auf das absolut Wichtige fokussieren

»Absolut wichtige Ziele« haben erhebliche Konsequenzen. Denn: Wenn wir diese Ziele nicht erreichen, wird alles andere, was uns bereits gelungen ist, mehr oder weniger belanglos.

Der Wichtigkeits-Filter hilft uns, Prioritäten für unsere Ziele zu ermitteln und unseren strategischen Plan erfolgreich umzusetzen. Um das zu ermöglichen, müssen die Ziele die Teil-Filter für Wirtschaftlichkeit, Strategie und Interessengruppen durchlaufen.

Anleitung:

1. Tragen Sie die möglichen Ziele Ihrer Organisation in der folgenden Tabelle in die entsprechende Spalte ein. Natürlich können Sie diese

Übung auch für Ihre Familie machen. Dazu müssen Sie lediglich die Kriterien bei den einzelnen Filtern leicht verändern.

2. Bewerten Sie die einzelnen Ziele bei allen drei Filtern auf einer Skala von −1 bis +4: +4 = positive Auswirkung, 0 = keine Auswirkung; −1 = negative Auswirkung. Sehen Sie sich vorher bitte die Kriterien bei den einzelnen Filtern an.

Wirtschaftlichkeits-Filter	Strategie-Filter	Interessen-Filter
Skala von −1 bis +4	Skala von −1 bis +4	Skala von −1 bis +4
Berücksichtigen Sie die folgenden wirtschaftlichen Kriterien: • Steigert den Umsatz • Reduziert die Kosten • Verbessert den Cashflow • Erhöht die Profitabilität • Weitere wirtschaftliche Kriterien	Berücksichtigen Sie die folgenden strategischen Kriterien: • Unterstützt direkt die Ziele des Teams • Baut die Kernkompetenzen aus • Stärkt die Marktposition • Steigert den Wettbewerbsvorteil • Weitere strategische Kriterien	Berücksichtigen Sie die folgenden Kriterien für die Interessengruppen: • Erhöht die Kundenbindung • Setzt Leidenschaft und Energie der Mitarbeiter frei • Wirkt sich positiv für Lieferanten, Geschäftspartner oder Investoren aus • Weitere Kriterien im Hinblick auf die Interessengruppen

3. Zählen Sie Ihre Ergebnisse zusammen.

4. Was sagt Ihr Bauchgefühl – stellen Sie sich der Realität?

5. Stützen Sie sich auf Ihre Gesamtergebnisse und Ihr Bauchgefühl und setzen Sie ein Ausrufezeichen hinter die zwei oder drei Ziele, die Ihnen absolut wichtig sind.

Mögliche Ziele	Wirtschaft-lichkeits-Filter (−1 bis +4)	Strategie-Filter (−1 bis +4)	Interessen-Filter (−1 bis +4)	Summe	✓
1.					
2.					
3.					
4.					
5.					
6.					
7.					

Der Film »Es ist nicht bloß wichtig, sondern absolut wichtig!«

Sehen Sie sich jetzt bitte den Film »Es ist nicht bloß wichtig, sondern absolut wichtig!« auf der DVD, die dem *8. Weg* beiliegt, oder online an. Beantworten Sie dann die folgende Frage:
Kommen Ihnen manche der Umsetzungsprobleme aus dem Film bekannt vor? Gibt es Parallelen zu Ihrem Unternehmen oder Ihrer Organisation?

Disziplin 2: Ein überzeugendes Mess-System erstellen

Mit einem Scoreboard können Sie ein wichtiges Grundprinzip nutzen: Wenn die Leute die Punkte oder Treffer mitzählen, spielen sie ganz anders. Wenn Sie ein zuverlässiges, gut zugängliches Scoreboard für Ihren strategischen Plan und Ihre wichtigsten Ziele haben, können die Teams ihren Erfolg messen und sehen, wie gut sie bei der Umsetzung ihrer Top-Prioritäten vorankommen.

Ermitteln Sie die wichtigsten Eckpunkte für die Ziele Ihres Teams und stellen Sie das Ganze grafisch dar. Achten Sie darauf, dass Ihr Scoreboard die folgenden drei Punkte verdeutlicht: den aktuellen Wert, den Zielwert und den Zieltermin.

Führen Sie Ihre Top-Prioritäten oder Ihre absolut wichtigen Ziele, die Ziele, die Sie in der vorhergehenden Tabelle mit einem Ausrufezeichen gekennzeichnet haben, auf.

_____

_____

_____

_____

_____

_____

Notieren Sie für jedes Ihrer absolut wichtigen Ziele die folgenden drei Eckpunkte. Gibt es zu einem Ihrer Ziele noch keine Messergebnisse? Dann sollten Sie den aktuellen Wert möglichst genau schätzen:

Absolut wichtiges Ziel	Aktueller Wert (Hier stehen wir im Augenblick)	Zielwert (Das wollen wir erreichen)	Zieltermin (Bis wann)
1.			
2.			
3.			

Disziplin 3: Große Ziele in konkrete Schritte unterteilen

Ein neues Ziel oder eine neue Strategie zu entwickeln, ist eine Sache. Dieses Ziel dann in konkrete Handlungsschritte herunterzubrechen und umzusetzen, ist etwas ganz anderes. Ziele können nur erreicht werden, wenn jeder im Team genau weiß, was *er* dafür tun muss. Um das zu schaffen, muss Ihr Team herausfinden, welche neuen und besseren Vorgehensweisen nötig sind, um die Ziele zu erreichen. Dann müssen diese Vorgehensweisen in konkrete Wochen- und Tagesaufgaben unterteilt werden. Die folgende Übung zeigt Ihnen, wie Sie hier am besten vorgehen:

Ziel	Neue Verhaltensweise	Damit verbundene Wochen- oder Tagesaufgabe
Beispiel: Die Kosten für Kopien reduzieren, die wir auf den letzten Drücker im Copyshop machen lassen. Denn: Dort sind die Express-Kopien um 33 Prozent teurer als bei uns im Unternehmen.	Ein persönliches Planungssystem nutzen, um den Umgang mit Projekten, Prioritäten und der Zeit zu optimieren.	Jeden Morgen sein persönliches Planungssystem checken, damit man weiß, bis wann die Kopien spätestens fertig sein müssen. Bei der wöchentlichen Besprechung die Zeit- und Aufgabenpläne der Teammitglieder aufeinander abstimmen. Wenn nötig, andere um Hilfe bitten.

Disziplin 4: Sich gegenseitig in die Pflicht nehmen – jederzeit

In besonders effektiven Teams kommen die Leute häufig – jeden Monat, jede Woche oder sogar jeden Tag – zusammen, um über den Fortschritt ihrer Projekte zu berichten, das Scoreboard zu besprechen, Probleme zu lösen und herauszufinden, wie sie sich gegenseitig unterstützen können. Wenn nicht jeder im Team *die ganze Zeit über* alle anderen in die Pflicht nimmt, verlaufen selbst absolut wichtige Ziele und Projekte am Ende im Sande.

Verantwortlichkeits-Besprechungen sind etwas völlig *anderes* als die typischen Meetings, bei denen die Leute über alles Mögliche reden und es gar nicht abwarten können, endlich wieder zu ihrer eigentlichen Arbeit zurückkehren zu können. In einer effektiven Verantwortlichkeits-Besprechung geht es einzig und allein um das Voranbringen der Schlüsselziele. Die drei entscheidenden Merkmale solcher Besprechungen sind:

- *Den Stand der Dinge schnell überprüfen (Triage-Berichterstattung):* Wie in der Ambulanz von Krankenhäusern, wo die Patienten nach dem Schweregrad ihrer Verletzungen behandelt werden und nicht nach dem Zeitpunkt des Eintreffens, konzentriert man sich bei Verantwortlichkeits-Besprechungen auf die wenigen wirklich wichtigen Punkte. Jeder spricht kurz über die entscheidenden Dinge. Alle konzentrieren sich auf die Schlüsselergebnisse und die Hauptprobleme.
- *Dritte Alternativen finden:* Bei effektiven Verantwortlichkeits-Besprechungen dreht sich alles darum, wie die Schlüsselziele erreicht werden können. Das Grundprinzip lautet: Um Ziele zu erreichen, die wir noch nie erreicht haben, müssen wir Dinge tun, die wir noch nie getan haben. Das kann bedeuten, dass wir dritte Alternativen finden müssen – neue, bessere Vorgehensweisen.
- *Den Weg frei machen:* Effektive Führung besteht zum Großteil darin, Hindernisse aus dem Weg zu räumen und dafür zu sorgen, dass die Teammitglieder ihre Ziele erreichen können. Auf der Grundlage einer Gewinn/Gewinn-Leistungsvereinbarung erklären sich die Führungskräfte bereit, alles Erforderliche zu tun, damit ihre Leute die angestrebten Ziele erreichen können. Natürlich machen nicht nur die Führungskräfte, sondern alle Teammitglieder den Weg für andere frei. Deshalb sollten sie sich in ihrem Team immer gegenseitig fragen: »Wie kann ich Ihnen den Weg frei machen? Was kann ich tun, um Sie zu unterstützen?«

Da Verantwortlichkeits-Besprechungen keine typischen Meetings sind, ist dort natürlich auch eine andere Vorgehensweise erforderlich. Schreiben Sie auf der nächsten Seite auf, was Sie ändern müssen, um Ihre Meetings in Verantwortlichkeits-Besprechungen zu verwandeln.

Derzeitiges Verhalten bei typischen internen Meetings	Gewünschtes Verhalten bei Verantwortlichkeits-Besprechungen
Triage-Berichterstattung	
Beispiel: Langweilige Monologe, während alle anderen sich ausklinken	Schneller Bericht über die allerwichtigsten Punkte
Dritte Alternativen finden	
Beispiel: Das »einsame Genie«	Wissen des gesamten Teams
Den Weg frei machen	
Beispiel: Jeder ist auf sich allein gestellt	Wir sitzen alle im selben Boot

Setzen Ihre neuen Erkenntnisse um!

Beschäftigen Sie sich im nächsten Monat mit einem Teil oder mit allen der folgenden Aktivitäten, um Ihre neuen Erkenntnisse im Privat- und Berufsleben anzuwenden:

- Sehen Sie sich den Film »Max & Max« noch einmal an. Wählen Sie eine Situation, in der Sie sich entweder wie Max oder wie Mr. Harold verhalten. Wie könnten Sie Ethos, Pathos und Logos oder die vier Rollen effektiver Führung nutzen, um eine Trimmruder-Mentalität aufzubauen und einen Ausweg aus der Situation zu finden? Halten Sie Ihre Gedanken im Journal am Ende dieses Workbooks fest.

- Schreiben Sie auf, wie Sie die Umsetzung Ihres Teams in jedem der folgenden sechs Bereiche verbessern könnten. Als Führungskraft sollten Sie beispielsweise in Sachen Klarheit darauf achten, dass Ihre Mitarbeiter den Sinn und Zweck Ihrer allerwichtigsten Ziele verstehen. Als Mutter sollten Sie im Bereich Aktion dafür sorgen, dass Ihre Kinder genau wissen, wie sie Ihre Familie dabei unterstützen können, wichtige Ziele zu erreichen. Stellen Sie dann Pläne auf, was Sie in diesem Monat tun werden, um an den von Ihnen gewählten Bereichen zu arbeiten.

  – *Klarheit:* Die Leute kennen die Ziele und Prioritäten.

  _____

  _____

  – *Verpflichtung:* Die Leute sind in die Festsetzung der Ziele und Prioritäten einbezogen und fühlen sich ihnen deshalb auch verpflichtet.

  _____

  _____

- *Aktion:* Die Leute wissen, was sie tun können, um dazu beizutragen, dass die Ziele erreicht werden.

  _____

  _____

- *Ermöglichung:* Die Leute haben die nötigen Strukturen, die Systeme und Freiheit, damit sie ihre Arbeit gut machen können.

  _____

  _____

- *Synergie:* Die Leute arbeiten gut zusammen und finden dritte Alternativen.

  _____

  _____

- *Verantwortung:* Die Leute ziehen sich regelmäßig gegenseitig zur Rechenschaft.

  _____

  _____

■ Sprechen Sie mit Ihrem Team über die Übung »Disziplin 2: Ein zuverlässiges Mess-System erstellen« in diesem Workbook auf Seite 204. Setzen Sie die Informationen mit einer kleinen Gruppe von Leuten aus verschiedenen Abteilungen in eine grafische Darstellung für Ihr Team um. Das Scoreboard kann die Form eines Balken- oder Kreisdiagramms, einer Kurve haben, aber auch wie ein Thermometer, ein Tacho oder eine Skala aussehen. Es sollte auf jeden Fall transparent, dynamisch und gut zugänglich für alle sein. Natürlich können Sie auch Kenngrößen für prinzipienorientierte Werte in Ihr Scoreboard einbauen.

- Arbeiten Sie mit Ihrem Team daran, die großen Ziele auf dem Scoreboard in konkrete Handlungsschritte für Sie selbst und die anderen zu unterteilen.

- Halten Sie eine Familienbesprechung ab, um ein Scoreboard für Ihre Familie zu erstellen. Legen Sie gemeinsam die wichtigsten Ziele für Ihre Familie fest. Finden Sie heraus, wo Sie im Augenblick stehen und wo Sie gern hinwollen. Denken Sie auch daran, Termine für die Erreichung der einzelnen Ziele zu vereinbaren. Sprechen Sie darüber, wie Sie sich gegenseitig dafür in die Pflicht nehmen können, dass die Familie ihre Ziele erreicht.

- Halten Sie in diesem Monat eine Verantwortlichkeits-Besprechung mit Ihrem Team ab. Nutzen Sie dabei die folgenden drei Hilfsmittel: Triage-Berichterstattungen, dritte Alternativen finden und den Weg frei machen.

- Nähere Informationen, wie Sie den xQ™-Fragebogen nutzen können, um *die Fähigkeit Ihres Teams zur Fokussierung auf die Top-Prioritäten und zu deren Umsetzung* zu beurteilen, finden Sie unter www.der-achte-Weg.org. Dort können Sie den xQ™-Fragebogen auch kostenlos testen.

- Bringen Sie mindestens zwei anderen Menschen die Hauptideen dieses Kapitels näher. Schreiben Sie ihre Namen hier auf:

_____

_____

_____

- Erzählen Sie Freunden, Kollegen und Familienmitgliedern von Ihren Erkenntnissen. Schreiben Sie ihre Namen auf:

_____

_____

_____

_____

KAPITEL 15

Weise Nutzung unserer inneren Stimmen, um anderen zu dienen

Du tatest nicht genug, hast nie genug getan,
solange die Möglichkeit bestehen bleibt,
dass etwas an dir von Wert sein kann.
DAG HAMMARSKJÖLD

Lesen Sie bitte die Seiten 345 bis 375 in *Der 8. Weg*. Machen Sie sich mit den dort beschriebenen Grundprinzipien vertraut oder sehen Sie sich die Zusammenfassung im Anhang dieses Workbooks an.

Überblick der Grundprinzipien

- Weshalb wollen wir unsere innere Stimme finden? Weshalb wollen wir anderen helfen, ihre innere Stimme zu finden? Der innere Antrieb für den *8. Weg* stammt von einem einzigen großen, alles überspannenden Zweck: Menschen zu dienen und ihre Bedürfnisse zu erfüllen.

- Ob Unternehmen, Bildungsinstitutionen, staatliche und gemeinnützige Einrichtungen oder Familien: Organisationen aller Art werden gegründet, um Menschen zu dienen und ihre Bedürfnisse zu erfüllen – das ist der einzige Grund für ihre Existenz.

- Was kommt nach dem Informations- und Wissenszeitalter? Das Zeitalter der Weisheit. Doch: Weisheit können wir erst erlangen, wenn Integrität durch Bescheidenheit und Mut geschaffen wurde.

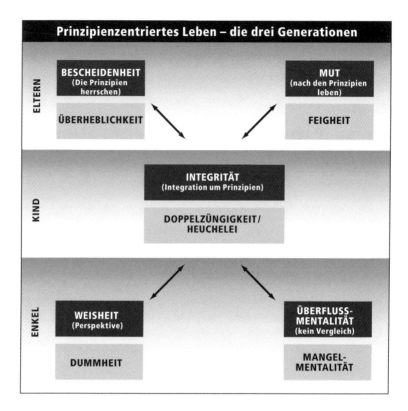

- Aus Weisheit erwächst das Konzept des Führens durch Dienen. Es macht das Wesen der moralischen Autorität aus. In der Geschichte gibt es unzählige dienende Führungspersönlichkeiten, die sich alle durch moralische Autorität und Charakterstärke auszeichneten. Die meisten erlangten jedoch nicht nur moralische, sondern auch formale Autorität – etwa Positionen oder Titel.

- Moralische Autorität ist wie ein Ökosystem. Sie beginnt mit *visionärer* moralischer Autorität beim Einzelnen. Führungspersonen mit moralischer Autorität können die fundamentalen Prinzipien in ihrer Organisation verankern und so *institutionalisierte* moralische Autorität aufbauen. Dann kann eine bürgerliche Gesellschaft allmählich eine eigene *kulturelle* moralische Autorität entwickeln. Denken Sie an die Worte von Emile Durkheim: »Wenn die Moral ausreicht, braucht man keine

Gesetze; wenn die Moral aber nicht ausreicht, lassen Gesetze sich nicht durchsetzen.«

- *Der 8. Weg* lehrt uns ein zentrales Paradigma: dass die Menschen *ganze* Personen sind, die aus Körper, Verstand, Herz und Geist bestehen.

Lernziele

Wenn Sie sich intensiv mit den Grundprinzipien aus diesem Kapitel befassen und sie konsequent umsetzen, werden Sie:

- verstehen, wie moralische Autorität das Führen durch Dienen fördert.
- erkennen, dass Führung im Allgemeinen und Führung durch Dienen auf eigenständigen Entscheidungen beruht – und nicht notwendigerweise auf der Position.
- herausfinden, ob Sie sich als Führungskraft auf Ihre moralische Autorität berufen oder einfach nur auf Ihre Position.
- erkennen, was Sie tun können, um ein besserer dienender Führer zu werden.
- lernen, bei der Problemlösung nicht Ihre kulturelle Prägung, sondern Weisheit zu nutzen.
- für Körper, Verstand, Herz und Geist jeweils einen Fokussierungsbereich wählen, der im Zusammenhang mit den vier Intelligenzen, den vier Attributen und den vier Rollen effektiver Führung steht.

Organisationen werden gegründet, um menschliche Bedürfnisse zu erfüllen

Bitte lesen Sie die folgende Passage aus dem *8. Weg* noch einmal:

> *Die Wirtschaft ist zur mächtigsten Institution auf diesem Planeten geworden. Die dominierende Institution muss in jeder Gesellschaft die Verantwortung für das Ganze übernehmen. Die Wirtschaft aber hat keine Tradition dieser Art. Das ist eine neue Rolle, die noch nicht gut verstanden und akzeptiert wird. Man verließ sich von Anfang an auf das Konzept des Kapitalismus und des freien Unternehmertums und ging davon aus, dass die Aktionen der individuellen Unternehmenseinheiten, auf die Kräfte des Marktes reagierend und von der »unsichtbaren Hand« Adam Smith' geleitet, schon irgendwie die wünschenswerten Ergebnisse bringen würden. Im letzten Jahrzehnt des 20. Jahrhunderts wurde jedoch deutlich, dass die »unsichtbare Hand« ihre Kraft verlor. Sie hing von übergreifenden Bedeutungen und Werten ab, die es nicht mehr gibt. Daher muss die Wirtschaft eine Tradition übernehmen, die sie in der gesamten Geschichte des Kapitalismus noch nie hatte: gemeinsam die Verantwortung für das Ganze zu tragen. Jede Entscheidung, die getroffen, jede Handlung, die durchgeführt wird, muss im Lichte dieser Verantwortung betrachtet werden.*
> WILLIS HARMON,
> MITBEGRÜNDER DER WORLD BUSINESS ACADEMY

Trifft das zu? Weshalb oder weshalb nicht?

_____

_____

_____

_____

_____

»Jede Entscheidung, die getroffen, jede Handlung, die durchgeführt wird, muss im Lichte dieser Verantwortung betrachtet werden.« Was können Organisationen tun, um sicherzustellen, dass das tatsächlich gemacht wird?

_____

_____

_____

_____

_____

So entscheiden Sie sich dafür, zu führen

Sehen Sie sich Tabelle 10 im *8. Weg* auf Seite 357 noch einmal an. Denken Sie über Ihre Führungsrollen nach und beantworten Sie dann die folgenden Fragen:

Denken Sie an einen Fall, bei dem Sie Ihren Einfluss in erster Linie durch Ihre positionsbedingte Macht ausübten und nicht aufgrund Ihrer moralischen Autorität und Überzeugungskraft. Beschreiben Sie dieses Beispiel. Wie haben die kurz- und langfristigen Ergebnisse ausgesehen?

_____

_____

_____

_____

_____

Denken Sie an einen Fall, bei dem Sie Ihren Einfluss in erster Linie aufgrund Ihrer moralischen Autorität ausübten und nicht aufgrund Ihrer positionsbedingten Macht. Beschreiben Sie die Situation. Wie sahen die kurz- und langfristigen Ergebnisse aus?

_____

_____

_____

In welchen Bereichen in der Tabelle 10 auf Seite 357 im *8. Weg* könnten Sie sich in den Fällen verbessern, bei denen Sie Ihre Macht genutzt haben, um andere zu führen? Denken Sie bitte ehrlich und eingehend über die einzelnen Punkte in dieser Tabelle nach:

_____

_____

_____

_____

So werden Sie ein dienender Führer

Denken Sie an jemanden, der die Einstellung eines dienenden Führers annahm – der anderen diente, sie unterstützte und einen Beitrag leistete.

_____

_____

_____

An welchen Einstellungen oder Verhaltensweisen haben Sie zuerst erkannt, dass es sich um einen dienenden Führer handelte?

_____

_____

_____

_____

Wie haben Sie auf diesen Führungsstil reagiert? Was waren Ihre ersten Gedanken oder Gefühle?

_____

_____

_____

_____

Welchen Einfluss hatte dieser Führungsstil auf Ihr eigenes Handeln?

_____

_____

_____

_____

Welche Ergebnisse wurden erreicht, die ohne das dienende Führen nicht möglich gewesen wären?

_____

_____

_____

_____

Wie können Sie selbst ein dienender Führer werden? Welche Ihrer Einstellungen oder Verhaltensweisen müssten Sie dazu ändern?

_____

_____

_____

_____

Der Film »Gandhi«

Wenn Sie sich den Film »Gandhi« anschauen, werden Sie eine Person mit Schwächen und mit Stolz sehen. Sie werden aber auch erleben, wie Gandhi seine Geburts-Geschenke nutzte, um Bescheidenheit, Mut, Integrität, Disziplin und eine Vision zu entwickeln. Gandhi ist ein wundervolles Beispiel für einen Menschen, der moralische Autorität entwickelte. Die Welt ist anders, weil es ihn gab. Besorgen Sie sich den Film »Gandhi«, sehen Sie ihn sich an und achten Sie dabei ganz besonders auf die verschiedenen Facetten:

- der Worte und des Mienenspiels,
- der Initiativen und Reaktionen,
- der Entwicklung von Normen, Werten, Zielen und einer Vision.

Wie zeigte Gandhi durch seine Worte und Taten, dass er ein dienender Führer war?

_____

_____

_____

_____

Gibt es in Ihrem Job Aufgaben, die mit der Arbeit an der Latrine vergleichbar sind?

_____

_____

_____

_____

Wie sieht Ihre Einstellung gegenüber solchen Aufgaben aus? Haben Sie manchmal das Gefühl, dass sie von anderen Leuten erledigt werden sollten – und nicht ausgerechnet von Ihnen?

_____

_____

_____

_____

_____

_____

So lösen Sie Probleme mit Weisheit

Schreiben Sie in die folgende Tabelle jeweils drei Beispiele für Ergebnisse, die Sie und andere sich im persönlichen Bereich, in den Beziehungen und in der Organisation wünschen. Denken Sie an die falsche kulturelle Prägung, die zu einem Dilemma im Hinblick auf die angestrebten Ergebnisse führt. Überlegen Sie dann, was die Weisheit Ihnen hier sagen würde. Nutzen Sie die folgenden Beispiele als »Starthilfe«.

Gewünschte Ergebnisse	Falsche kulturelle Prägung	Was würde die Weisheit Ihnen sagen?
Persönliche Ebene		
Beispiel: Die Leute wünschen sich inneren Frieden und gute Beziehungen.	Die Leute wollen ihre Gewohnheiten und ihren Lebensstil beibehalten.	Wir müssen alle einen persönlichen Erfolg erringen, indem wir das, was wir wollen, einem höheren, wichtigeren Zweck opfern – für das, was richtig ist.
Beziehungsebene		
Beispiel: Die Leute wünschen sich Beziehungen, die von Vertrauen geprägt sind.	Die meisten Menschen stellen sich selbst und ihre eigenen Wünsche, Bedürfnisse und Rechte in den Mittelpunkt.	Konzentration auf die Prinzipien für den Aufbau von Vertrauen – das »Ich« für das »Wir« opfern.

Gewünschte Ergebnisse	Falsche kulturelle Prägung	Was würde die Weisheit Ihnen sagen?
Unternehmensebene		
Beispiel: Das Management will mehr Leistung für weniger Lohn.	Die Mitarbeiter wollen mehr Lohn für weniger Leistung.	Entwicklung von Gewinn / Gewinn-Leistungsvereinbarungen als dritte Alternative. Verzicht auf die Kontrolle zugunsten von Befähigung, sodass das Management und die Mitarbeiter am selben Strang ziehen, um das menschliche Potenzial freizusetzen und so mehr für weniger zu produzieren.

Wenden Sie Ihre neuen Erkenntnisse an!

Beschäftigen Sie sich im nächsten Monat mit einem Teil oder mit allen der folgenden Aktivitäten, um Ihre neuen Erkenntnisse im Privat- und Berufsleben anzuwenden:

- Sehen Sie sich die Abbildung zur Level-5-Hierarchie im *8. Weg* auf Seite 355 noch einmal an. Überlegen Sie, zu welchen Kategorien die Führungskräfte gehören, die Sie kennen. Umreißen Sie in Ihrem Journal am Ende dieses Workbooks verschiedene Bereiche, in denen Sie sich verbessern könnten, um selbst ein Level-5-Führer zu werden. Setzen Sie Ihre Ideen einen ganzen Monat lang um.
- Sehen Sie sich die Abbildung 15.7 auf Seite 369 im *8. Weg* noch einmal an. Körper, Verstand, Herz und Geist: Wählen Sie für jede

Zeile eine Spalte aus, an der Sie arbeiten möchten – beispielsweise die Vorbildrolle beim Körper, Selbstdisziplin beim Verstand, Steigerung Ihrer emotionalen Intelligenz beim Herzen und die Rolle als Coach beim Geist. Halten Sie die Bereiche, auf die Sie sich konzentrieren möchten, unten fest und machen Sie sich dann an die Arbeit.

– *Körper* (leben): _____

_____

_____

– *Verstand* (lernen): _____

_____

_____

– *Herz* (lieben): _____

_____

_____

– *Geist* (ein Lebenswerk schaffen): _____

_____

_____

- Denken Sie über die folgenden Worte von Winston Churchill nach: »Für jeden Menschen kommt irgendwann im Leben der Augenblick, in dem ihm sozusagen jemand auf die Schulter klopft und ihm die Chance gibt, etwas ganz Besonderes zu tun, etwas

Einzigartiges, das auf seine Talente abgestimmt ist. Was für eine Tragödie, wenn er dann nicht auf die Aufgabe, die seine größte Stunde sein sollte, vorbereitet und nicht zu ihr befähigt ist.« Was sagt Ihnen Ihr Gewissen, wenn Sie dieses Zitat lesen? Welche Chancen bieten sich Ihnen in dem Augenblick, der Ihre größte Stunde sein könnte, wenn Sie den Mut haben, sie zu ergreifen? Schreiben Sie Ihre Gedanken im Journal am Ende dieses Workbooks auf.

- Bringen Sie mindestens zwei anderen Menschen die Hauptideen dieses Kapitels näher. Schreiben Sie ihre Namen hier auf:

_____

_____

_____

- Erzählen Sie Freunden, Kollegen und Familienmitgliedern von Ihren Erkenntnissen. Schreiben Sie ihre Namen auf:

_____

_____

_____

Fazit: So entdecken Sie Ihre innere Stimme

Wer im Informations- und Wissenszeitalter Erfolg haben will, braucht völlig neue Fähigkeiten, Einstellungen und ganz anderes Wissen. *Der 8. Weg* – die eigene innere Stimme finden und andere dazu inspirieren, ihre innere Stimme zu finden – hilft Ihnen, mit Effektivität zu wahrer Größe zu gelangen.

Sie können Ihre innere Stimme finden, indem Sie:

- Ihre Freiheit zu wählen erkennen und nutzen.
- Ihre persönlichen Werte an Prinzipien oder Naturgesetzen ausrichten, um moralische Autorität zu entwickeln.
- Ihre vier Intelligenzen einsetzen.

Ihre innere Stimme zu finden und ihr zu folgen bedeutet, dass Sie das Paradigma der ganzen Person leben.

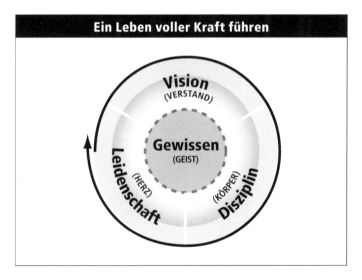

Fazit: So inspirieren Sie andere dazu, ihre innere Stimme zu entdecken

Sie können andere dazu inspirieren, ihre innere Stimme zu finden, indem Sie die vier Rollen effektiver Führung vorleben:

- Visionär
- Coach
- Koordinator
- Vorbild

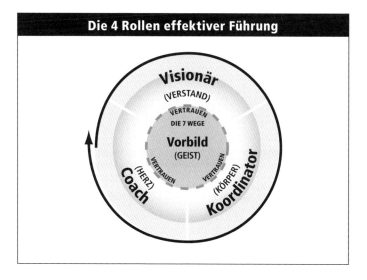

Um andere zu befähigen, muss man sie als ganze Personen in einem ganzen Beruf behandeln.

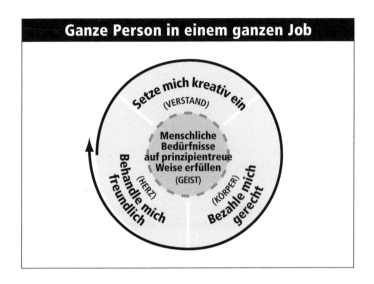

Seien Sie ein Vorbild für das gewünschte Verhalten – mit Hilfe der 7 Wege zur Effektivität!

In den 7 Wegen verkörperte Prinzipien und Paradigmen		
Weg	Prinzip	Paradigma
❶ Pro-aktiv sein	Verantwortlichkeit / Initiative	Selbstbestimmtheit
❷ Schon am Anfang das Ende im Sinn haben	Vision / Werte	Zwei Schöpfungen / Fokus
❸ Das Wichtigste zuerst tun	Integrität / Umsetzung	Priorität / Handeln
❹ Gewinn/Gewinn denken	Gegenseitiger Respekt / Vorteil	Überfluss
❺ Erst verstehen, dann verstanden werden	Gegenseitiges Verstehen	Rücksicht, Mut
❻ Synergien schaffen	Kreative Kooperation	Die Unterschiede wertschätzen
❼ Die Säge schärfen	Erneuerung	Ganze Person

Arbeiten Sie innerhalb Ihres Einflussbereichs und nutzen Sie Ethos, Pathos und Logos, um ein Trimmruder zu werden – ein Vorbild für positive Veränderungen.

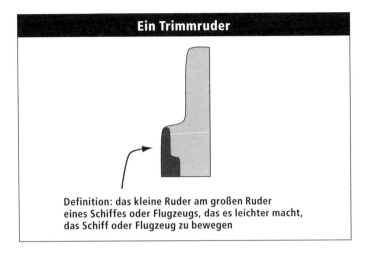

Finden Sie durch Prinzipienzentriertheit beim Fokus und bei der Umsetzung den idealen Punkt bei:

- der persönlichen Größe,
- der Größe bei der Führung,
- der Größe von Organisationen.

Schlusswort

Der 8. Weg lehrt vor allem ein grundlegendes Paradigma: Wir Menschen sind ganze Personen – wir bestehen aus Körper, Herz, Verstand und Geist. Wenn wir die aufeinander aufbauenden Schritte des *8. Weges* gehen, wenn wir unsere innere Stimme finden und uns dann dafür entscheiden, unseren Einfluss auszuweiten und andere dazu zu inspirieren, ihre innere Stimme zu finden, vergrößern wir unsere Freiheit zu wählen. Dann können wir selbst die schwersten Herausforderungen meistern und menschliche Bedürfnisse erfüllen. Wir erkennen, dass Führung letztlich eine Entscheidung unseres freien Willens ist – und nicht von unserer beruflichen oder gesellschaftlichen Stellung abhängt. Plötzlich sehen wir, dass Führung in allen Positionen möglich ist. *Dinge* müssen wir managen oder kontrollieren. Doch: *Menschen* müssen wir als Vorbild, Visionär, Koordinator und Coach führen.

Wir haben gelernt, dass alle Menschen mit einem riesigen Potenzial und enormen Fähigkeiten ausgestattet sind und dass der Weg zur Erweiterung dieser Fähigkeiten darin liegt, unsere gegenwärtigen Talente gezielt weiterzuentwickeln.

Wir haben zudem erkannt, dass unsere Gesellschaft uns auf Mittelmäßigkeit programmiert hat, sodass wir unser Potenzial nicht voll ausschöpfen. Wir wissen aber auch, dass wir die Kraft haben, uns aus dieser Programmierung zu lösen. Diese Kraft treibt uns dazu an, andere zu führen und zu befähigen.

Wenn wir durch unsere moralische Autorität (primäre Größe) formale Autorität (sekundäre Größe) erreichen, können wir diese Prinzipien institutionalisieren, sodass Körper und Geist ständig erneuert werden. Das gibt uns nicht nur die Freiheit, sondern auch die nötige Kraft, um unseren Dienst an anderen zu erweitern und zu vertiefen. Diese Art der Führung schafft eine unglaublich hohe Motivation. Das ist allerdings nur möglich, wenn wir den Dienst an anderen über uns selbst stellen.

Private und öffentliche Organisationen werden erkennen, dass sie nur eine Zukunft haben, wenn sie mit Hilfe von Weisheit und moralischer Autorität menschliche Bedürfnisse erfüllen.

Haben Sie dieses Workbook, wie vorgeschlagen, im Laufe eines Jahres durchgearbeitet? Dann möchte ich Ihnen von Herzen gratulieren. Ich hoffe, dass Sie in allen Ihren Rollen Ihre innere Stimme gefunden und andere dazu inspiriert haben, ihre innere Stimme zu finden.

Die Inspiration durch eine edle Sache, die menschliche Interessen weit und breit beinhaltet, befähigt uns, Dinge zu tun, derer wir uns vorher nicht einmal im Traum für fähig gehalten hätten und zu denen wir allein nicht fähig gewesen wären. Das Bewusstsein, auf lebenswichtige Weise zu etwas zu gehören, was die Individualität übersteigt, Teil einer Persönlichkeit zu sein, die ins Unbekannte hinausreicht, in Raum und Zeit, macht das Herz größer – bis an die Grenzen des Ideals der Seele – und bildet das Höchste des Charakters aus.
JOSHUA LAWRENCE CHAMBERLAIN

ANHANG

Zusammenfassung

Damit Sie sich die Hauptideen der einzelnen Kapitel noch einmal in Erinnerung rufen können, finden Sie hier eine kurze Zusammenfassung.

Kapitel 1: Der Schmerz

Heute sehen sich die Leute immer neuen, immer größeren Erwartungen gegenüber. Die Welt wird immer komplexer und der Druck, mehr für weniger zu produzieren, immer größer. Dennoch ist es in vielen Organisationen nicht erwünscht, dass sie alle ihre Talente und ihre gesamte Intelligenz einbringen. Trotz enormer Fortschritte in Sachen Technologie, Innovationen und Globalisierung fühlen sich die meisten Leute in den Organisationen, in denen sie arbeiten, nicht wohl. Sie sind nicht erfüllt, sondern frustriert. Ihnen ist nicht klar, in welche Richtung sich ihre Organisation entwickeln will. Sie kennen weder die Ziele noch die Top-Prioritäten. Deshalb sind sie niedergeschlagen und abgelenkt. Vor allem aber haben sie das Gefühl, dass sie ohnehin nichts verändern können.

Unsere innere Stimme ist unsere einzigartige persönliche Bedeutung – eine Bedeutung, die sich zeigt, wenn wir uns unseren größten Herausforderungen stellen und sie erfolgreich meistern. Die innere Stimme liegt im Schnittpunkt unserer *Talente*, unserer *Leidenschaften*, unserer *Bedürfnisse* und unseres *Gewissens*. Wenn Sie eine Arbeit übernehmen, die Ihren Talenten entspricht und Ihre Begeisterung weckt, folgen Sie Ihrer inneren Stimme, Ihrer Berufung, dem Code Ihrer Seele. Der beste und oft einzige Weg, den Schmerz zu durchbrechen und Lösungen zu finden, besteht darin, zunächst das Kernproblem zu verstehen, das den Schmerz verursacht. Meist beruht es auf einem falschen Paradigma über die menschliche Natur. Dieses Paradigma untergräbt das Selbstwertgefühl der Leute und erstickt ihre Talente und ihr Potenzial. Wie alle großen Durchbrüche in der Menschheitsgeschichte kann die Lösung dieses Problems nur aus einer konsequenten Abkehr von alten Denkweisen erwachsen. Wenn Sie geduldig sind, sich bemühen, das Problem von Grund auf zu verstehen, und sich dann entschließen, Ihr Leben an den zeitlosen, universellen Prinzipien des *8. Weges* auszurichten, wird Ihr Einfluss von innen nach außen wachsen. Sie werden Ihre innere Stimme in unserer radikal veränderten Welt finden und andere dazu inspirieren, es Ihnen nachzutun.

Kapitel 2: Das Problem

Im Industriezeitalter waren die wichtigsten Wertschöpfungsfaktoren und die Haupttreiber des wirtschaftlichen Wohlstands die Maschinen und das Kapital, also *Dinge*. Natürlich ging es nicht ohne Menschen, doch sie waren leicht zu ersetzen. Man konnte die Industriearbeiter kontrollieren und »verbrauchen«, denn das Angebot an menschlichen Arbeitskräften war größer als die Nachfrage. Menschen waren wie Dinge, man konnte sie einsetzen, um effizient zu sein. Wenn man aber nur die Körperkraft einer Person am Arbeitsplatz nutzt und ihren Verstand, ihr Herz und ihren Geist außen vor lässt, setzt man sie zu einem Ding herab.

Das Problem ist, dass viele Manager das Denken des Industriezeitalters auf die Wissensarbeiter von heute übertragen. Da sie den wahren Wert und das Potenzial ihrer Leute nicht erkennen und die Natur des Menschen nicht richtig verstehen, *managen sie ihre Mitarbeiter wie Dinge*. Doch so können sie nur einen Bruchteil ihrer Talente und ihrer Motivation erschließen.

Was passiert, wenn man Menschen wie Dinge managt? Sie verlieren den Glauben daran, dass man sich für Führung frei entscheiden kann. Die meisten betrachten Führung als Frage der Position und sehen sich daher nicht als Führer. Sie glauben, dass nur Menschen, die die entsprechende Position innehaben, entscheiden dürfen, was getan werden muss. Deshalb sind sie – vielleicht unbewusst – damit einverstanden, selbst wie ein Ding kontrolliert zu werden. Sie übernehmen nicht die Initiative. Im Gegenteil: Sie warten, bis man ihnen sagt, was sie tun sollen, und machen dann genau das und nichts anderes. Deshalb geben sie auch dem formalen Führer die Schuld, wenn etwas schiefgeht, und schreiben es ihm zu, wenn alles gut läuft.

Die weitverbreitete Abneigung, selbstständig zu handeln, ist Wasser auf den Mühlen der formalen Führungskräfte. Je weniger die Mitarbeiter die Initiative ergreifen, desto mehr fühlen sie sich bemüßigt, ihnen Anweisungen zu erteilen und sie zu managen. Sie glauben, dass das der einzige Weg ist, die Leute dazu zu bringen, etwas zu tun. Das führt jedoch schnell zu wechselseitiger Abhängigkeit. Die Schwächen beider Seiten verstärken das Verhalten der jeweils anderen und rechtfertigen es letztlich. Je stärker die formalen Führer kontrollieren, desto mehr rufen sie Verhaltensweisen hervor, die noch mehr Kontrolle und Management erfordern. Das führt letztlich dazu, dass niemand mehr Verantwortung übernimmt. Die Leute sind total frustriert, weil sie glauben, dass nicht sie selbst, sondern nur die anderen ihre Arbeitsbedingungen verbessern können.

Letztlich gibt es einen ganz einfachen, alles überspannenden Grund dafür, dass so viele Menschen in ihrer Arbeit keine Erfüllung finden und die meisten Unternehmen es nicht schaffen, das Talent, den Einfallsreichtum und die Kreativität ihrer Leute wirklich auszuschöpfen und wahrhaft große, überdauernde Organisationen zu werden. Dieser Grund ist ein unvollständiges Paradigma von der wahren Natur des Menschen.

Kapitel 3: Die Lösung

Wir haben mit dem *Schmerz* begonnen und dann das *Problem* analysiert, das ihn hervorruft – jetzt geht es darum, den Weg zur *Lösung* zu beschreiben. Dazu gehört, dass wir unsere wahre Natur und unsere Talente kennen müssen. Das wird uns dabei helfen, auch einmal gegen den Strom zu schwimmen und selbstsüchtige Interessen in den Hintergrund zu stellen. Es ist der Schlüssel, um eine Vision zu entwickeln und die nötige Entschlossenheit an den Tag zu legen, sie zu verwirklichen. Wenn wir unsere natürlichen Gaben kennen, übernehmen wir die Initiative und haben mehr Verständnis für die Bedürfnisse und die Chancen in unserem Umfeld. Wir erfüllen die Bedürfnisse, die unseren einzigartigen Talenten entsprechen, die unsere volle Motivation erschließen und wirklich wichtig sind. Kurz gesagt: *Wir finden und nutzen unsere innere Stimme.*

Die Lösung besteht aus zwei Teilen: Wir müssen *unsere* innere Stimme finden und andere dazu inspirieren, *ihre* innere Stimme zu finden. Die innere Stimme ist eine Landkarte, die Menschen auf allen Organisationsebenen hilft, ihre Erfüllung und ihren Einfluss zu maximieren. Sie ermöglicht es ihnen, wertvolle Beiträge zu leisten und nicht nur ihre Teams, sondern auch die ganze Organisation zu ermutigen, ihnen nachzueifern.

Wir alle wählen einen von zwei Lebenswegen: den breiten, ausgetretenen Weg zur Mittelmäßigkeit oder den Weg zu wahrer Größe. Der Weg zur Mittelmäßigkeit erstickt das menschliche Potenzial, der Weg zur Größe dagegen erschließt und verwirklicht es. Diejenigen, die den Weg zur wahren Größe wählen, werden herausragende Inseln in einem Meer der Mittelmäßigkeit. Ihr Beispiel wirkt ansteckend.

Wenn Sie Ihre innere Stimme gefunden haben, können Sie Ihren Einfluss erweitern und Ihren Beitrag vergrößern, indem Sie andere dazu inspirieren, *ihre* innere Stimme zu finden.

Kapitel 4: Entdecken Sie Ihre innere Stimme – unsere ungeöffneten Geburts-Geschenke

Talente, Fähigkeiten, Intelligenz und Chancen: Wir alle haben wundervolle »Geburts-Geschenke« bekommen. Diese bleiben jedoch so lange ungeöffnet, bis wir uns dafür entscheiden, sie auszupacken. Dank dieser Gaben ist das Potenzial, das in jedem von uns schlummert, unendlich groß. Je öfter wir unsere Talente einsetzen, desto größer werden unsere Fähigkeiten.

Unsere drei wichtigsten Geburts-Geschenke sind:

- *Unsere Freiheit zu wählen:* Abgesehen vom Leben selbst ist die Fähigkeit zu wählen das größte Geschenk, das uns gemacht wurde. Diese Freiheit steht in einem krassem Gegensatz zur Opfermentalität und der Kultur der Schuldzuweisungen, die heutzutage so verbreitet sind. Durch unsere Entscheidungen haben wir die Möglichkeit, selbst zu bestimmen.

- *Naturgesetze oder Prinzipien, die sich nie ändern:* Wir müssen nach Prinzipien leben und dürfen uns nicht dem allgemeinen Trend anschließen und nach schnellen Patentlösungen suchen.
- *Unsere vier Intelligenzen:* Die vier menschlichen Dimensionen (Körper, Herz, Verstand und Geist) entsprechen den vier Intelligenzen und Fähigkeiten – der physischen oder körperlichen (PQ), der emotionalen (EQ), der mentalen (IQ) und der spirituellen (SQ) Intelligenz.
  – Unsere *physische Intelligenz* (PQ) umfasst eine gesunde Ernährung, regelmäßige, ausgewogene körperliche Aktivität, genug Ruhe, Entspannung, Stressmanagement und Vorbeugung.
  – Zu unserer *emotionalen Intelligenz* (EQ) gehören unsere Selbstwahrnehmung, unsere persönliche Motivation, Selbstregulierung, Einfühlsamkeit und die sozialen Fähigkeiten.
  – Unsere *mentale Intelligenz* (IQ) umfasst eine kontinuierliche, systematische, disziplinierte (Weiter)Bildung, die Kultivierung der Selbstwahrnehmung, das Lernen durch Lehren und Tun.
  – Unsere *spirituelle Intelligenz* (IQ) beinhaltet unsere Integrität, unsere Bedeutung und unsere innere Stimme.

Kapitel 5: Bringen Sie Ihre innere Stimme zum Ausdruck: Vision, Disziplin, Leidenschaft und Gewissen

Jeder, der großen Einfluss auf andere, auf Institutionen oder die Gesellschaft hatte, Eltern, deren Einfluss sich auf mehrere Generationen erstreckte, alle, die in der Welt etwas Gutes oder Schlechtes bewirkt haben, hatten die folgenden vier Dinge gemeinsam: Vision, Disziplin, Leidenschaft und Gewissen. Diese vier Dinge sind die Kennzeichen aller guten Führungskräfte.

- *Eine Vision:* Die wichtigste Vision überhaupt ist, ein Gefühl für unser Ich zu entwickeln, für unser Schicksal, unsere einzigartige Berufung und Rolle, für den Sinn und Zweck unseres Lebens.
- *Disziplin:* Das ist das Opfer, das wir bringen müssen, um unsere Vision verwirklichen zu können. Disziplin ist Fleisch gewordene Willenskraft. Disziplin bedeutet, die schnelllebigen Freuden von heute einem höheren, langfristigeren Ziel unterzuordnen.

- *Leidenschaft:* Sie kommt aus dem Herzen und zeigt sich als Optimismus, Tatendrang und Entschlossenheit. Leidenschaft ist der Treibstoff auf dem Weg zu unseren Zielen.
- *Gewissen:* Hier geht es um unser moralisches Empfinden und unser angeborenes Gefühl für Richtig und Falsch. Unser Gewissen ist ein inneres Licht, eine leise Stimme, die uns still, friedlich und frei von unserem Ego leitet.

Kapitel 6: Inspirieren Sie andere dazu, ihre innere Stimme zu finden: Die Herausforderung der Führung

Mit Kapitel 6 rückt das Thema *Führung* in den Mittelpunkt. Sie wissen ja: Führung hängt nicht von irgendeiner Position ab, sondern von Ihrer Entscheidung, anderen zu zeigen, welchen Wert und welches Potenzial sie haben, sodass sie all das in sich selbst erkennen können.

Sowohl Management als auch Führung sind für alle Organisationen von entscheidender Bedeutung. Dinge wie die Lagerbestände, den Cashflow und die Kosten kann man nicht führen – man muss sie managen. Im Gegensatz zu uns Menschen haben Dinge nicht die Freiheit, zu wählen. Deshalb muss man *Menschen* führen und *Dinge* managen und kontrollieren.

Das Ziel ist es, Ihnen dabei zu helfen, Ihre Fähigkeiten zu entdecken, Ihre Probleme zu erkennen und zu lösen und Ihren eigenen Einfluss sowie den Einfluss Ihres Teams, Ihrer Abteilung, Ihres Unternehmens und natürlich auch Ihrer Familie zu vergrößern.

Kapitel 7: Die Stimme des Einflusses: Ein Trimmruder sein

Ein Vorbild zu sein ist das zentrale Anliegen aller Führungskräfte. Es beginnt damit, dass Sie Ihre innere Stimme finden, indem Sie Ihre vier Intelligenzen entwickeln und Ihre innere Stimme durch eine Vision, Disziplin, Leidenschaft und Ihr Gewissen zum Ausdruck bringen. Vorbild sind Sie primär in Ihren drei Rollen als Visionär, Koordinator und Coach. Wenn Sie diese Rollen richtig ausfüllen, wecken Sie Vertrauen bei den Menschen, die Sie führen wollen. Führung findet aber erst dann wirklich statt, wenn alle diese Komponenten zusammenspielen. Dann erkennen die Mitarbeiter, dass man sie respektiert und ihre Meinung, ihre Ideen und ihre einzigartige Erfahrung sehr schätzt. Sie werden in den Prozess der gemeinsamen Kursbestimmung und Visionsentwicklung einbezogen.

Vorbild zu sein ist nicht nur die Aufgabe des Einzelnen, sondern eine Herausforderung für das gesamte Team. Mit einem Team, das auf den Stärken jedes Einzelnen aufbaut und sich so organisiert, dass die individuellen Schwächen keine große Rolle mehr spielen, können Sie in einer Organisation sehr viel bewegen. Wenn Sie an Vorbilder denken, sollten Sie also nicht nur einzelne Personen im Blick haben, sondern immer auch Teams, die sich untereinander ergänzen.

Ihr Einfluss beruht auf Ihrer Einstellung – aus Ihrer Entscheidung, die Stimme des Einflusses zu nutzen. Es ist einfach, in die Opferrolle zu schlüpfen und zu sagen: »Ich bin ein armes Opfer. Ich habe alles versucht, aber es gibt nichts mehr, was ich noch tun könnte. Ich habe keine Chance.« Doch: »Wer sich als Opfer fühlt, gibt seine Zukunft her.« Immer, wenn wir denken, dass ein Problem *da draußen* liegt und wir keinen Einfluss darauf haben, *ist* genau dieser Gedanke das Problem. Sobald wir unser Gefühlsleben von den Schwächen eines anderen abhängig machen, treten wir unsere emotionale Freiheit an diesen Menschen ab. Wir geben ihm die Erlaubnis, unser Leben weiter zu beeinträchtigen, sodass unsere Vergangenheit unsere Zukunft gleichsam als Geisel nimmt. Solange die Leute ihre eigene innere Stimme nicht gefunden haben, haben sie nicht die nötige Reife, Sicherheit und Charakterstärke, die Prinzipien des *8. Weges* auch in problematischen Situationen zu nutzen und so tragfähige Lösungen zu entwickeln. Unsere Gesellschaft fördert eine Mentalität der Opferhaltung und der Schuldzuweisungen. Doch wir können unsere Geburts-Geschenke auspacken und selbst die kreative Kraft in unserem Leben werden. Wir sind in der Lage, uns dafür zu entscheiden, unseren Einfluss stetig zu erweitern.

Ein Trimmruder ist das kleine Ruder am großen Ruder, das es leichter macht, ein Schiff zu steuern. Genau wie ein Trimmruder hat jeder von uns das Potenzial, seinen Einfluss auszudehnen und die Richtung seiner Organisation mitzubestimmen. Unabhängig von ihrer Position gibt es in allen Organisationen Mitarbeiter mit einem Trimmruder-Geist. Diese Menschen ergreifen in ihrem Einflussbereich die Initiative. Dadurch können sie sich selbst und ihr Team oder ihre Abteilung so führen, dass die ganze Organisation positiv beeinflusst wird.

Kapitel 8: Die Stimme der Vertrauenswürdigkeit: Als Vorbild Charakterstärke und Kompetenz vorleben

Vertrauen ist der Schlüssel zu allen Beziehungen und der Kitt, der Organisationen zusammenhält. Es ist etwas, was von den Leuten geteilt und erwidert wird. Vertrauen stammt aus drei Quellen: Es kann persönlich oder institutionell sein. Zudem kann man sich bewusst dafür entscheiden, es anderen zu schenken. Vertrauen ist nicht nur ein Substantiv, sondern auch ein Verb. Wenn Sie Ihre Rolle aus Coach ausfüllen und andere befähigen, können Sie Vertrauen zu einem Verb machen.

Vertrauenswürdigkeit erwächst aus *Charakter* und *Kompetenz*. Allerdings ist es heute nicht mehr üblich, vom Charakter zu sprechen. Das gilt als unsachlich und unprofessionell. Manche Menschen fragen sich, ob innere Werte überhaupt noch eine Rolle spielen. Viele glauben, dass man lediglich Talent, Tatendrang und Persönlichkeit braucht, um Erfolg zu haben. Die Geschichte hat uns jedoch gezeigt, dass es auf lange Sicht wichtiger ist, wer wir *sind*, als wer wir zu sein scheinen.

Der *Charakter* umfasst drei Bereiche:

- *Integrität*: Man hält die Versprechen, die man sich selbst und anderen gibt.
- *Reife*: Man verbindet Mut und Mitgefühl.
- *Überfluss-Mentalität*: Man sieht das Leben nicht als Wettkampf, in dem es nur einen Gewinner geben kann, sondern als Füllhorn immer größerer Chancen und wachsenden Wohlstands.

Auch die *Kompetenz* ist dreigeteilt:

- *Technische Kompetenz:* das Wissen und die Fähigkeiten, die zur Erfüllung einer bestimmten Aufgabe erforderlich sind.
- *Konzeptuelle Kompetenz:* die Fähigkeit, strategisch zu denken und das große Ganze zu sehen.
- *Interdependenz:* das Wissen, dass alles im Leben miteinander verbunden ist und die Teile das Ganze beeinflussen.

Wenn man einen starken Charakter und große Kompetenz entwickelt, gewinnt man Weisheit und ein gutes Urteilsvermögen. Immer mehr Organisationen erkennen, wie wichtig es ist, Charakter zu zeigen und

Vertrauen aufzubauen. Die Leute blicken tief in ihre eigene Seele, um zu ergründen, wie sie selbst zu Problemen beitragen und was sie tun können, um diese zu lösen.

Kapitel 9: Die Stimme und Schnelligkeit des Vertrauens

Schlechte Beziehungen erkennt man in erster Linie daran, dass es an Vertrauen fehlt. Mein Sohn *Stephen M. R. Covey* sagt zu Recht: »Zu wenig Vertrauen ist die höchste indirekte Steuer.« Wenn das Vertrauen groß ist, sind die Beziehungen gut und die Kommunikation gelingt ohne große Mühe. Auch Fehler spielen so gut wie keine Rolle. Die Leute vertrauen Ihnen und sagen: »Machen Sie sich deswegen keine Gedanken. Ich weiß schon, was Sie meinen. Wir kennen uns doch so gut.« Nichts ist so schnell wie Vertrauen. Es ist der Kitt, der Unternehmen, Teams und Beziehungen zusammenhält.

Nichts zerstört das Vertrauen so schnell wie ein Versprechen, das gebrochen wird. Umgekehrt gilt: Nichts schafft schneller Vertrauen als ein Versprechen, das gehalten wird.

Das *emotionale Beziehungskonto* ist eine Metapher für das Vertrauen in einer Beziehung. Genau wie bei einem Bankkonto können Sie Einzahlungen und Abhebungen vornehmen. Durch Einzahlungen bauen Sie Vertrauen auf, durch Abhebungen untergraben Sie es. Auch für den Aufbau von Guthaben auf emotionalen Beziehungskonten sind Arbeit und Geduld nötig. Einzahlungen erfordern Initiative, Bescheidenheit und Opfer. Sie bringen aber auch eine sehr hohe Rendite – eine Beziehung, in der großes Vertrauen herrscht.

Kapitel 10: Verschmelzung der inneren Stimmen: Die Suche nach der dritten Alternative

Die dritte Alternative stellt alle bisherigen Lösungsvorschläge in den Schatten. Sie ist weder mein Weg noch Ihrer. Die dritte Alternative ist auch kein Kompromiss, sondern *eine viel bessere Lösung*. Ähnlich wie die Spitze eines Dreiecks ist die dritte Alternative der höhere Weg, der die beiden anderen übertrifft. Die dritte Alternative ist das Ergebnis reinen kreativen Bemühens. Sie erwächst aus der Bereitschaft von zwei oder mehr Menschen, sich wirklich zuzuhören – aus ihrer Offenheit und ihrem Wunsch, gemeinsam eine bessere Lösung zu finden.

Wenn Sie eine dritte Alternative finden wollen, sollten Sie vier ganz wichtige Kommunikationsmethoden nutzen:

- Seien Sie offen für andere und hören Sie ihnen genau zu. Nur so können Sie verstehen, wie Ihre Gesprächspartner die Dinge sehen. Versuchen Sie dann nachzuvollziehen, weshalb die anderen diese Sichtweise haben. Die Meinung der anderen zu verstehen, ist die Voraussetzung für die Suche nach der dritten Alternative.
- Denken Sie daran, dass die Dinge, die Sie erleben, bevor Sie nähere Details erfahren, einen Einfluss darauf haben können, wie Sie diese Informationen einschätzen. Wenn Ihnen das bewusst ist, führt Kommunikation zu gegenseitigem Verstehen.
- Akzeptieren Sie, dass es nicht nur eine einzige Sicht der Dinge gibt. Die Herausforderung liegt darin, eine gemeinsame Alternative zu entwickeln, die alle unterschiedlichen Standpunkte berücksichtigt, ohne dabei die ursprüngliche Vision aus den Augen zu verlieren.
- Oft scheitert die Kommunikation, weil die Leute Wörter und Begriffe unterschiedlich interpretieren. Der entscheidende Punkt ist jedoch, den Sinn des Gesagten zu verstehen und sich nicht über Begrifflichkeiten zu streiten.

Die Suche nach einer dritten Alternative besteht aus zwei Schritten, die jedoch nicht immer in derselben Reihenfolge ablaufen müssen. Manchmal fängt man mit dem ersten an – manchmal auch mit dem zweiten:

- Sind Sie bereit, nach einer Lösung zu suchen, die besser ist als Ihre oder unsere bisherigen Vorschläge?
- Würden Sie einer einfachen Grundregel zustimmen? Sie lautet: Niemand darf seinen Standpunkt darlegen, bevor er den Standpunkt des anderen vollkommen richtig und zu dessen Zufriedenheit wiedergegeben hat.

Kapitel 11: Mit einer Stimme: Als Visionär gemeinsame Vision, Werte und Strategie entwickeln

Als Vorbild baut man Vertrauen auf, als Visionär schafft man eine Ordnung, ohne sie einzufordern. Sobald alle sich darüber einig sind, was für ihre Organisation am wichtigsten ist, haben sie eine Basis, auf der alle weiteren Entscheidungen beruhen. Das liefert einen Fokus, gibt Ordnung und Stabilität und ermöglicht gleichzeitig Flexibilität.

Während der Einzelne eine Vision für sich selbst entwickelt, geht es in Organisationen darum, eine *gemeinsame Vision zu finden*. Dazu könnten Sie sich im Hinblick auf Ihre Mitarbeiter folgende Fragen stellen:

- Kennen und verstehen alle die Ziele der Organisation?
- Haben sich alle innerlich auf diese Ziele verpflichtet?

Um Ihren Mitarbeitern dabei zu helfen, die wichtigsten Ziele zu verstehen und sich innerlich darauf zu verpflichten, müssen Sie Ihr Team in die Entscheidungsfindung einbeziehen und die Ziele und den Zweck Ihres Unternehmens oder Ihrer Abteilung festlegen. Dazu ist es nötig, dass Sie gemeinsam ein Leitbild und einen strategischen Plan entwickeln. Beides muss Ihre Vision und Ihr Wertesystem widerspiegeln. Nur so können Sie sicherstellen, dass sich Ihre Leute mit den Werten und dem strategischen Plan Ihrer Organisation identifizieren – und das ist der Schlüssel, um die angestrebten Ziele auch zu erreichen.

Wenn Sie festlegen, was für Ihre Organisation oder Ihr Team am wichtigsten ist, müssen Sie natürlich auch die Realitäten berücksichtigen, vor denen Sie stehen. Danach können Sie alle in der Organisation mit dem Leitbild und dem strategischen Plan vertraut machen. Dort, wo die vier Bedürfnisse des Einzelnen (Körper, Verstand, Herz und Geist) sich mit den vier Bedürfnissen der Organisation (Überleben; Wachstum und Entwicklung; Beziehungen; Sinn, Integrität und Beitrag) überschneiden, können Sie eine Co-Mission erstellen und so das wahre Potenzial Ihrer Mitarbeiter freisetzen.

Kapitel 12: Die Stimme und Disziplin der Umsetzung: Als Koordinator Ziele und Systeme auf Ergebnisse ausrichten

Als Visionär entdecken Sie einen Weg, den Sie dann als Koordinator pflastern müssen. Wenn Sie nicht die Ergebnisse bekommen, die Sie sich wünschen, sollten Sie alle Prozesse, Strukturen und Systeme genau analysieren. Denn das sind die Stellschrauben, die darüber entscheiden, welche Resultate Sie tatsächlich erzielen. Deshalb sollten Sie sich als Führungskraft immer konsequent an den Ergebnissen ausrichten, die Sie erreichen wollen.

Als Koordinator müssen Sie Systeme und Strukturen aufbauen, die die wichtigsten Werte und Prioritäten Ihrer Organisation verstärken.

Die Rolle als Koordinator hat folgende Facetten:

- Einsatz der moralischen und formalen Autorität, um *Systeme* zu schaffen, mit denen Sie Ihre Strategie und die in Ihrer Vision und Ihren Werten verkörperten Prinzipien verwirklichen können.
- Festlegung von *Zielen*, die *von oben nach unten heruntergebrochen* und auf die Vision, die Werte und die strategischen Prioritäten Ihrer Organisation abgestimmt sind.
- Ausrichtung am *Feedback*, das Sie vom Markt und von Ihrer Organisation regelmäßig darüber bekommen, wie gut Sie Bedürfnisse erfüllen und Werte schaffen.

Koordination ist institutionalisierte Vertrauenswürdigkeit. Das bedeutet, dass die Prinzipien, die Ihre Leute in ihrem Wertesystem verankert haben, die Grundlage für die Gestaltung der Strukturen, Systeme und Prozesse in Ihrer Organisation sein müssen. Auch wenn das Umfeld, die Märkte und die Menschen sich ändern – die Prinzipien verändern sich nie. Organisationen sind die zweite große Quelle von Vertrauen. Wenn vertrauenswürdige Leute in Strukturen arbeiten, die nicht an den Werten der Organisation ausgerichtet sind, werden immer die Systeme, die nicht vertrauenswürdig sind, die Oberhand behalten. Dann kann es einfach kein Vertrauen geben.

**Kapitel 13: Die Stimme der Befähigung:
Als Coach Leidenschaft und Talent freisetzen**

Bei der Befähigung geht es darum, die Mitarbeiter dabei zu unterstützen, ihre Kreativität, ihr Talent, ihre Fähigkeiten und ihr Potenzial optimal zu nutzen, sodass sie den gemeinsam abgesteckten Weg erfolgreich beschreiten können. Solange die Bedingungen in Ihrer Organisation nicht so sind, dass die Mitarbeiter ihre besten Beiträge bringen können, können Sie von ihnen auch nicht die volle Leistungsfähigkeit erwarten.

Die Befähigung ist das Resultat der drei anderen Rollen effektiver Führung (Vorbild, Visionär und Koordinator). Damit die Mitarbeiter ihr wahres Potenzial erkennen und einbringen können, müssen Menschen und Organisationen vertrauenswürdig sein. Denn: Befähigung ist die logische Konsequenz von Vertrauenswürdigkeit. Sie führt zu Selbstkontrolle, Selbstmanagement und Selbstorganisation.

Erfolgreiche Befähigung beruht auf der inneren Verpflichtung, Gewinn/Gewinn-Vereinbarungen mit den Teammitgliedern zu schließen. Dazu ist es erforderlich, dass sich die vier Bedürfnisse eines Unternehmens oder Teams (finanzielle Gesundheit, Wachstum und Entwicklung, synergetische Beziehungen und sinnvolle Beiträge) mit den vier Bedürfnissen des Einzelnen (leben – wirtschaftlich, lernen – mental, lieben – sozial/emotional, ein Lebenswerk schaffen – spirituell) überschneiden.

Zur Befähigung ihrer Mitarbeiter stützen sich erfolgreiche Führungskräfte auf das Paradigma der ganzen Person: Planen (Verstand), Machen (Körper), Beurteilen (Herz) und Dienen (Geist). Wenn Sie Ihre Mitarbeiter befähigen wollen, müssen Sie zunächst die richtigen Rahmenbedingungen dafür schaffen und Ihren Leuten dann den Weg frei geben. Lassen Sie sie selbstständig handeln und bieten Sie ihnen Ihre Hilfe an, wann immer das nötig ist.

Kapitel 14: Der 8. Weg und der ideale Punkt

Der 8. Weg hilft Ihnen, das wahre Potenzial in anderen zu sehen. Er ist die Art von Führung, die den Leuten deutlich macht, welchen Wert und welches Potenzial sie haben, sodass sie all das selbst in sich erkennen können. Voraussetzung dafür ist, dass Sie Ihren Mitarbeitern zuhören. Zudem müssen Sie sie nicht nur durch Ihre Worte, sondern auch durch die vier Rollen effektiver Führung bestätigen. So können Sie den Wert Ihrer Mitarbeiter als ganze Personen herausstellen und sie dazu ermutigen, ihr gesamtes Potenzial zu entfalten:

- *Vorbild* (Einzelner, Team): Weckt Vertrauen, ohne es zu erwarten. Wenn wir uns an die im *8. Weg* verkörperten Prinzipien halten, bauen wir Vertrauen auf. Vertrauen ist der Kitt des Lebens – es entsteht nur aus Vertrauenswürdigkeit. Kurz gesagt: Als Vorbild schaffen Sie *persönliche moralische Autorität*.
- *Visionär:* Sorgt für Ordnung, ohne sie einzufordern. Wenn Sie die Leute in die strategischen Entscheidungen einbeziehen und sie über die wichtigsten Werte und Ziele mitbestimmen dürfen, werden sie sich auch damit identifizieren. Dann verlagern sich das Management und die Motivation von außen nach innen. Oder anders ausgedrückt: Die gemeinsame Visionsentwicklung führt zu *visionärer moralischer Autorität*.
- *Koordinator:* Fördert eine Vision und Befähigung, ohne das andauernd zu betonen. Die Strukturen, Systeme und Prozesse richtig auszurichten bedeutet, den Geist des Vertrauens, der Vision und der Befähigung zu stärken. Kurzum: Als Koordinator erzeugt man *institutionalisierte moralische Autorität*.
- *Coach:* Bringt das Ergebnis der drei anderen Führungsrollen ans Licht – die Befähigung. Das heißt: Der Coach setzt ohne Motivation von außen das gesamte menschliche Potenzial frei und baut dadurch *kulturelle moralische Autorität* auf.

Alles, was im *8. Weg* besprochen wird, lässt sich letztlich in zwei Worten zusammenfassen: *Fokus* und *Umsetzung*. In diesen beiden Begriffen finden wir »die Einfachheit, die nach der Komplexität kommt«. Der Fokus lenkt den Blick auf das, was am wichtigsten ist. Bei der Umsetzung geht es darum, das Ganze dann auch zu realisieren. Der Fokus umfasst die Rollen als Vorbild und Visionär – die Umsetzung die Rollen als Koordinator und Coach. Fokus und Umsetzung sind untrennbar miteinander verbunden. Solange nicht alle am selben Strang ziehen, wird es keine erfolgreiche Umsetzung geben.

Die Umsetzung wird durch viele Faktoren beeinflusst. Die xQ™-Befragung von FranklinCovey hat jedoch klar gezeigt, dass es in den Organisationen sechs Haupttreiber für die Umsetzung gibt:

- *Klarheit:* Die Leute kennen die Ziele und Prioritäten.
- *Innere Verpflichtung:* Die Leute werden in die Festsetzung der Ziele und Prioritäten einbezogen, sodass sie sich ihnen auch verschreiben.
- *Aktion:* Die Leute wissen, was sie tun können, um dazu beizutragen, dass die Ziele erreicht werden.
- *Ermöglichung:* Die Leute haben die nötigen Strukturen, die Systeme und Freiheit, damit sie ihre Arbeit gut machen können.
- *Synergie:* Die Leute arbeiten gut zusammen und finden dritte Alternativen.
- *Verantwortung:* Die Leute ziehen sich regelmäßig gegenseitig zur Rechenschaft.

Misserfolge bei der Umsetzung sind in der Regel auf Probleme bei einem oder mehreren dieser Treiber zurückzuführen.

Der 8. Weg befasst sich mit zwei Lebenswegen: Der eine führt zur Mittelmäßigkeit, der andere zu wahrer Größe. Es gibt drei Formen wahrer Größe:

- *Persönliche Größe* finden wir, wenn wir unsere drei Geburts-Geschenke (die Freiheit zu wählen, die Prinzipien und die vier Intelligenzen) nutzen. Durch die kontinuierliche Weiterentwicklung der Geburts-Geschenke bekommen wir einen hervorragenden Charakter voller Vision, Disziplin und Leidenschaft, der von unserem Gewissen gelenkt wird.
- *Größe bei der Führung* erreichen Menschen, die sich unabhängig von ihrer Position dafür entscheiden, andere zu inspirieren, ihre innere Stimme zu finden. Die Voraussetzung dafür ist, dass sie sich an die vier Rollen effektiver Führung halten.
- *Organisationen* erlangen *Größe*, wenn sie sich der Herausforderung stellen, ihre Arbeit, ihre Führungsrollen, ihre Vision, ihr Leitbild

und ihre Werte mit den Haupttreibern für die Umsetzung in Einklang zu bringen.

Organisationen, die sich durch alle drei Formen wahrer Größe leiten lassen, treffen den *idealen Punkt*, an dem sich alle drei Kreise überschneiden. Dort liegt unser wahres Potenzial. Hier wird eine ungeheure innere Kraft freigesetzt, die wir nur entfalten können, wenn wir als Einzelne, als Team und als Organisation unsere innere Stimme finden.

Hindernisse auf dem Weg zu wahrer Größe können Sie durch die 4 Disziplinen erfolgreicher Umsetzung überwinden. Sie helfen Ihnen, alle mit den sechs Haupttreibern für die Umsetzung verbundenen Probleme zu lösen. Denn: Die 4 Disziplinen sind die 20 Prozent der Aktivitäten, die 80 Prozent der Ergebnisse bringen, da sie zu einer konsequenten Umsetzung der Top-Prioritäten führen. Sie verkörpern die Schnittmenge des idealen Punkts und geben Teams praktische Methoden an die Hand, mit denen sie Spitzenleistungen erzielen können.

Die 4 Disziplinen erfolgreicher Umsetzung sind:

- Disziplin 1: Auf das absolut Wichtige fokussieren
- Disziplin 2: Ein zuverlässiges Mess-System erstellen
- Disziplin 3: Große Ziele in konkrete Schritte unterteilen
- Disziplin 4: Sich gegenseitig in die Pflicht nehmen – jederzeit

Weitere Informationen über die 4 Disziplinen erfolgreicher Umsetzung erhalten Sie bei FranklinCovey Deutschland, Schweiz, Österreich (Kontaktdaten siehe Seite 272 f.).

Kapitel 15: Weise Nutzung unserer inneren Stimmen, um anderen zu dienen

Der Antrieb, um die eigene innere Stimme zu finden und andere dazu zu inspirieren, ihre innere Stimme zu finden, stammt von einem einzigen großen, alles überspannenden Zweck: Menschen zu dienen und ihre Bedürfnisse zu erfüllen. Wenn wir das tun, machen wir auf der persönlichen Ebene unglaubliche Fortschritte. Unsere Beziehungen werden besser und vertiefen sich, wenn wir gemeinsam versuchen, anderen zu dienen. Ob Unternehmen, Bildungsinstitutionen, staatliche und gemeinnützige Einrichtungen oder Familien: Organisationen werden immer gegründet, um Menschen zu dienen und ihre Bedürfnisse zu erfüllen – das ist die Berechtigung für ihre Existenz.

Die erfolgreiche Zusammenarbeit mit anderen ist der beste Weg, um das eigene Wissen und die eigenen Fähigkeiten optimal zu nutzen. Dazu sind Teams nötig, die auf den Stärken jedes Einzelnen aufbauen und sich so organisieren, dass die individuellen Schwächen keine große Rolle mehr spielen.

Informationen sind noch lange keine Weisheit. Letztere besteht aus Informationen und Wissen, die von einem höheren Zweck und universellen Prinzipien durchdrungen sind. Weisheit können wir erst erlangen, wenn wir durch Bescheidenheit und Mut Integrität erlangt haben. Weisheit kommt zu den Menschen, die ihrem Gewissen folgen.

Die Weisheit lehrt uns, alle Menschen zu respektieren, ihre Unterschiede zu schätzen und uns nur von einer Ethik leiten zu lassen: dass das Dienen vor dem Ich kommt. Macht und moralische Überlegenheit erwachsen aus Bescheidenheit – der Größte wird zum Diener aller anderen. Moralische Autorität erlangt man dadurch, dass man Opfer bringt. Robert K. Greenleaf drückte das so aus: Es gibt »nur eine Autorität, die unsere Loyalität verdient: jene, die die Geführten dem Führer aus freien Stücken und bewusst zugestehen, als Reaktion auf seine offensichtliche Größe als Diener ...« Die Top-Leute wirklich bedeutender Organisationen führen durch Dienen. Sie sind die Bescheidensten, Offensten, Gelehrigsten, Respektvollsten und Fürsorglichsten von allen. Solche Führungspersönlichkeiten schaffen in ihren Organisationen eine Größe, die von Dauer ist.

Wenn die Leute ihre formale Autorität schon früh ausspielen, werden sie ihre moralische Autorität dadurch schmälern. Wer seine Stärke nur aus seiner Position bezieht, baut gleich an drei Stellen Schwäche auf:

- in sich selbst, weil er keine moralische Autorität entwickelt,
- in den anderen, weil die formale Autorität zu wechselseitigen Abhängigkeiten führt
- und in der Qualität der Beziehungen, da sich nie echte Offenheit und tiefes Vertrauen entwickeln.

Ihre innere Stimme zu finden und andere dazu zu inspirieren, es Ihnen nachzutun, können Sie zu einer tief verwurzelten Gewohnheit werden lassen und so mit dem Wissen, der Einstellung und den Fähigkeiten verbinden, die dafür nötig sind. Hören Sie einfach auf Ihr Gewissen – es ist die Quelle Ihrer inneren Weisheit.

Journal

Notieren Sie hier Ihre Bemerkungen, Gedanken oder Eindrücke zu Kapitel 1.

Notieren Sie hier Ihre Bemerkungen, Gedanken oder Eindrücke zu Kapitel 2.

Notieren Sie hier Ihre Bemerkungen, Gedanken oder Eindrücke zu Kapitel 3.

Notieren Sie hier Ihre Bemerkungen, Gedanken oder Eindrücke zu Kapitel 4.

Notieren Sie hier Ihre Bemerkungen, Gedanken oder Eindrücke zu Kapitel 5.

Notieren Sie hier Ihre Bemerkungen, Gedanken oder Eindrücke zu Kapitel 6.

Notieren Sie hier Ihre Bemerkungen, Gedanken oder Eindrücke zu Kapitel 7.

Notieren Sie hier Ihre Bemerkungen, Gedanken oder Eindrücke zu Kapitel 8.

Notieren Sie hier Ihre Bemerkungen, Gedanken oder Eindrücke zu Kapitel 9.

Notieren Sie hier Ihre Bemerkungen, Gedanken oder Eindrücke zu Kapitel 10.

Notieren Sie hier Ihre Bemerkungen, Gedanken oder Eindrücke zu Kapitel 11.

Notieren Sie hier Ihre Bemerkungen, Gedanken oder Eindrücke zu Kapitel 12.

Notieren Sie hier Ihre Bemerkungen, Gedanken oder Eindrücke zu Kapitel 13.

Notieren Sie hier Ihre Bemerkungen, Gedanken oder Eindrücke zu Kapitel 14.

Notieren Sie hier Ihre Bemerkungen, Gedanken oder Eindrücke zu Kapitel 15.

Dank

Unzählige Leute haben zu diesem *Workbook* beigetragen, es verbessert und geholfen, es auf den Markt zu bringen. Ich möchte jedem von ihnen meinen tief empfundenen Dank und meine Anerkennung aussprechen:

- Meinen vielen Kolleginnen und Kollegen bei FranklinCovey, insbesondere Lisa Daems und Nancy Greenwood sowie Annie Oswald, Debra Lund, Jennifer Tate, Deborah Burkett, Bill Bennett und Bob Whitman, und meinen Söhnen Sean Covey und David Covey. Dem Team der Stephen R. Covey Group – Darla Salin, Julie Gillman, Julie Hillyard, Sonia Larson, Kara Holmes und Chelsea Johns – für die unermüdliche Befähigung und die synergetische Unterstützung. Schließlich auch Boyd Craig, meinem Partner bei diesem Projekt, für seine inspirierende Führung, sein Urteilsvermögen und sein Fachwissen, durch die *Der 8. Weg* und dieses *Workbook* realisiert werden konnten.
- Meinem »dynamischen Duo«, den Literaturagentinnen Jan Miller und Shannon Miser-Marven, und dem ganzen Team von Dupree / Miller & Associates.
- Meinen Partnern beim Verlag Simon & Schuster: Wylie O'Sullivan, Michele Jacob, Courtney Morrow, Carisa Hays, Phil Metcalf, Erich Hobbing, Dominick Anfuso, Martha Levin und Carolyn Reidy.
- Den zahllosen Kunden von FranklinCovey und den anderen Organisationen und Führungspersönlichkeiten aus der ganzen Welt, die Vorbilder für Führung im Sinne des *8. Wegs* sind.
- Schließlich meiner Frau Sandra, unseren neun Kindern und deren Ehepartnerinnen und -partnern, unseren 47 Enkeln, meinem Bruder und meinen Schwestern sowie meinen Eltern, Großeltern und Vorfahren. Sie alle haben zusammen mit Gott, unserem Vater, mein Leben geformt und über alle Maßen gesegnet.

Über den Autor

Dr. Stephen R. Covey, international anerkannter Experte zum Thema »Führung«, hat sich als Dozent, Autor und Unternehmensberater einen Namen gemacht. Der Mitbegründer und Vice Chairman von FranklinCovey Co. ist der Verfasser des internationalen Bestsellers *Die 7 Wege zur Effektivität*, den das Magazin *Chief Executive* zu den einflussreichsten Wirtschaftsbüchern der letzten 100 Jahre zählt. Das Buch, von dem bisher weltweit fast 20 Millionen Exemplare verkauft wurden und das in 38 Sprachen übersetzt wurde, steht auch nach 20 Jahren noch auf den meisten Bestsellerlisten. Weitere Bestseller von Stephen R. Covey sind unter anderem: *Der Weg zum Wesentlichen, Die effektive Führungspersönlichkeit, Führen unter neuen Bedingungen, Vom Beruf zur Berufung*. 2011 erschien sein neues Buch *The Third Alternative*.

Stephen R. Covey studierte an der Harvard University Betriebswirtschaft und promovierte an der Brigham Young University, wo er 20 Jahre lang eine Professor für Business Management innehatte. In über 40 Jahren hat er Millionen von Menschen – darunter Staatsoberhäupter und Konzernchefs – vermittelt, wie groß die Kraft der Prinzipien ist, von denen die Effektivität von Einzelpersonen und Organisationen abhängt. Das *Time Magazine* zählt ihn zu den 25 einflussreichsten US-Amerikanern. Zudem hat er sieben Ehrendoktortitel erhalten.

Gemeinsam mit seiner Frau Sandra lebt er in Utah, in den Rocky Mountains.

Über FranklinCovey

Unser Leitbild

Wir befähigen Menschen und Organisationen zu wahrer Größe – überall auf der Welt.

FranklinCovey (NYSE: FC) ist das weltweit führende Beratungs- und Trainingsunternehmen für die Themen Führung, Vertrauen, individuelle Effektivität, Strategieumsetzung und Kundenloyalität. FranklinCovey ist in über 140 Ländern vertreten und berät Unternehmen und Organisationen aller Größen und Branchen. Zu unseren Kunden gehören 90 Prozent der Unternehmen in den Fortune 100, über 75 Prozent der Unternehmen in den Fortune 500, Tausende kleiner und mittelgroßer Firmen sowie zahlreiche Behörden und Bildungsinstitutionen.

Unsere Werte

- **Verpflichtung auf Prinzipien:** Wir empfinden Begeisterung für unsere Inhalte und wollen Vorbilder sein für die Prinzipien, die wir lehren.

- **Nachhaltige Wirkung bei Kunden:** Wir bemühen uns mit aller Kraft, unsere Versprechen gegenüber unseren Kunden einzuhalten. Unser Erfolg hängt von ihrem Erfolg ab.

- **Respekt für die ganze Person:** Wir empfinden Wertschätzung füreinander und behandeln jeden, mit dem wir arbeiten, als echten Partner.

- **Profitables Wachstum:** Wir sehen Profitabilität und Wachstum als Herzstück unseres Unternehmens – sie geben uns die Freiheit, unser Leitbild und unsere Vision zu verwirklichen.

Weitere Informationen finden Sie unter: *www.franklincovey.com*.

Über FranklinCovey im deutschsprachigen Raum

Im deutschsprachigen Raum wird FranklinCovey durch die Leadership Institut GmbH mit Niederlassungen in Deutschland, Österreich und der Schweiz vertreten.

Das Leadership Institut bietet das Beratungs- und Trainingsspektrum von FranklinCovey in deutscher Sprache und auf unsere kulturellen Anforderungen zugeschnitten an.

Darüber hinaus entwickelt und implementiert das Leadership Institut maßgeschneiderte Lösungen rund um Führung und Effektivität für Organisationen, Teams und Einzelpersonen.

Zum Thema »Führung« bieten wir maßgeschneiderte Beratung, firmeninterne Workshops, öffentliche Workshops, Webinare, Tools, Vorträge, Führungskräftetagungen und Trainerausbildungen. Sie erfahren mehr über das Angebot von FranklinCovey im deutschsprachigen Raum rund um das Thema »Führung« unter: www.franklincovey.de.

Falls Sie anderen bei der Umsetzung der Ansätze dieses Buchs als Berater helfen wollen, freuen wir uns auf Ihre Kontaktaufnahme!

FranklinCovey Deutschland
Leadership Institut GmbH
Bavariafilmplatz 3
D-82031 Grünwald
+ 49 (0) 89 / 45 21 48 – 0
www.franklincovey.de

FranklinCovey Österreich
Leadership Institut GmbH
Parkring 10
A-1010 Wien
+ 43 (0) 1 / 320 16 22
www.franklincovey.at

FranklinCovey Schweiz
Leadership Institut GmbH
General-Guisan-Strasse 6 / 8
CH-6303 Zug
+ 41 (0) 41 711 37 30
www.franklincovey.ch

Leserstimmen

»Stephen R. Coveys ›Der 8. Weg‹ bietet genau das richtige Konzept, um die Herausforderungen des 21. Jahrhunderts zu meistern und den Transfer vom Industriezeitalter zum Wissenszeitalter aktiv mitzugestalten ... Das Workbook ist das ideale Werkzeug für die erfolgreiche Umsetzung des ›8. Weges‹ in die Praxis.«
Benno Weixler,
Line Manager, Nokia Siemens Networks

»Beim Titel des Buches dachte ich zuerst ›Oh je! Schon wieder ein Weg ...‹ Aber ich habe mich getäuscht: Die Gedanken des ›8. Weges‹ haben aus meiner Sicht den 7 Wegen einen Rahmen gegeben und sie damit komplett gemacht. Der ›8. Weg‹ bildet das Fundament, mit dem sich die 7 Wege noch sicherer und wirkungsvoller anwenden lassen. Das Buch hilft mir, in der ständig zunehmenden Vielfalt des Lebens meinen persönlichen (Sinn-)Weg nicht aus den Augen zu verlieren.«
Dr. Hilke Sudergat,
Abteilungsleiterin in R&D eines führenden Pharma-Unternehmens

»Die globale Wirtschaftskrise und die Anforderungen des ›modernen Lebens‹ lösen bei vielen Menschen und Unternehmen großen Ängste und Unsicherheiten aus. Die Suche nach allgemeiner Orientierung ist überall stark zu spüren und absolut nachvollziehbar. Mit seinen Leuchtturmprinzipien bietet Stephen R. Covey einen konkreten und dazu noch ideologiefreien Kompass, mit dem Menschen und Unternehmen alle Klippen hervorragend umschiffen können. Für mich das Beste – und das noch dazu in bestechender Klarheit.«
Dr. Peter Mauch,
Steuerberater, Nürnberg

»›Der 8. Weg‹ bietet eine klar strukturierte Anleitung zur Persönlichkeits- und Organisationsentwicklung ... Das Leben wird von einer ›Arena des Wettstreits‹ zu einem ›kooperativen Feld‹. Das Buch habe ich für mich in zwei Mindmaps zusammengefasst, die mich jetzt auf dem Smartphone ständig begleiten.«
Friedbert Stemann,
Generalstabsoffizier der Bundeswehr

»Der ›8.Weg‹ von Stephen R. Covey inspiriert zu einem positiven Umgang mit Menschen, Kollegen und Vorgesetzten. Die Beispiele aus dem Leben und die Zitate füllen die Leser mit positiver Energie. Seine Ideen kann jedes Mitglied einer Organisation umsetzen. Wer das tut, wird in jedem Fall zu einer Führungspersönlichkeit. Den Prinzipien von Stephen R. Covey zu folgen, das macht die Welt ein Stück besser.«
Marie-Laure Zillmann,
QM und Datenschutzbeauftragte bei einem mittelständischen marktführenden Produktionsunternehmen, Hamburg

»Ich liebe das Buch ›Der 8.Weg‹ und arbeite regelmäßig damit. Gelesen habe ich es schon mehrmals. Dabei finde ich immer wieder Neues und Spannendes. Sehr empfehlenswert für alle Menschen, die nie aufhören wollen, an sich zu arbeiten und sich mit sich selbst auseinanderzusetzen.«
Norman Griesser,
Geschäftsführer, Tourismusverband Paznaun, Ischgl

»Bereits beim ersten Durcharbeiten des ›8. Weges‹ fand ich unzählige Anregungen und brannte darauf, sie bei meinen Führungsaufgaben umzusetzen. Monate später, auch nach einigen Enttäuschungen, entdeckte ich weitere Perspektiven. Sie brachten mir vor allem dort, wo ich bislang Fehlschläge erlebt hatte, wichtige Einsichten. Bei jeder weiteren Lektüre gewinne ich überraschende Erkenntnisse. Kurz: Es ist für mich jedes Mal ein tolles Erlebnis, im ›8. Weg‹ zu lesen. Hier ist garantiert immer wieder etwas ›Wirkungsvolles‹ für das ›echte Leben‹ dabei!«
Friedmar Fritze,
Abteilungsleiter Personalbetreuung, Sparkasse Pforzheim Calw

»*Muss man dieses Buch lesen? Wenn wir den Weg zum Gipfel unseres Selbst vollenden wollen, um unsere innere Stimme zu finden – unbedingt!*«
Prof. Dr. Ulrich Kazmierski,
Allgemeine BWL / VWL, Hochschule Harz

»*›Der 8. Weg‹ hat mich sehr beeindruckt. Er hat die Methodik der ›7 Wege zur Effektivität‹ um Sinngebung und Vertrauen ergänzt. Im beiliegenden Video hat mich das Beispiel des ugandischen Fußballcoaches Stone Kyambade gelehrt, mein Handeln im Job nicht allein am Profit auszurichten, sondern am Menschen. Wenn ein Unternehmen nur Geldverdienen als Ziel hat, ohne einen sinnvollen Beitrag zu leisten, entsteht kein Leadership. Dann ist Management manipulative Methodik, um Menschen wie Roboter ausschließlich aufs Funktionieren zu reduzieren. Wie soll dadurch Identifikation mit der eigenen Firma entstehen? Innere Kündigung und emotionslose Arbeit sind die Folge. Der ›8. Weg‹ zeigt, dass es auch anders geht. Danke für dieses Buch und das Beispiel von Stone Kyambade.*«
Marko Miosic,
Projektleiter Wohnbau, Alpine Bau Deutschland AG

»*›Der 8. Weg‹ ist eine große Bereicherung für mich, weil viele Punkte praxistauglich sind. Besonders stark ist meiner Meinung nach der Ansatz ›Vision, Discipline, Passion & Value‹. In meiner Berufslaufbahn und auch im Privatleben habe ich ihn immer wieder erlebt und selbst verfolgt. Ich kann ihn nur bestätigen.*«
Bruno Meinhardt,
Operations Manager, Contact Connectors GmbH

»*›Der 8. Weg‹ hat mich entscheidend bei meiner Laufbahn zum Coach und Personalentwickler geprägt. Eine grundlegende Erkenntnis war, dass die Veränderung genau jetzt und zwar bei mir selbst beginnt!*«
Olaf Strehlau, Sachgebietsleiter,
KKH Krankenkasse, Frankfurt

»›Der 8. Weg‹ führt nach innen – an einen Ort, wo Neues und Schöpferisches mit spielerischer Leichtigkeit geschehen können. Die Arbeit mit diesem Buch setzte in mir ungeahnte Ressourcen frei, die mich in meinem Beruf als Creative Director täglich unterstützen. Win-Win, Begeisterung und Gewissen führen unweigerlich zum Erfolg. Ich kann diesen Weg, der nicht nur bewusste Gedankenführung und Leidenschaft fokussiert, sondern in die Tiefe des Menschseins weist, jedem nur empfehlen.«
Andrea Ilk,
Creative Director, Eventwerkstatt, Linz

»›Der 8.Weg‹ ist für mich ein Buch der Auseinandersetzung im besten Sinne – Anlass zum Nachdenken und Reflektieren. Ich habe es immer wieder zur Hand genommen, mit neuen Bleistiftmarkierungen auf den Seiten versehen und mich gefragt: Was bedeuten die Aussagen für mich persönlich und meine Arbeit in den Unternehmen? Führung und Einflussnahme sind gerade in Veränderungsprozessen wichtige Themen. Die Haltung der Führungskräfte kann die Potenziale der Mitarbeiter entweder freisetzen oder verkümmern lassen. Es gibt viele Möglichkeiten für positive Veränderungen in Unternehmen. Dennoch werden häufig mechanistische Führungsmodelle eingesetzt, die alle Beteiligten unnötig belasten und unerfreuliche Ergebnisse bringen. ›Der 8. Weg‹ macht Führungskräften Mut, loszulassen, für Transparenz zu sorgen und eine Organisation auf die wichtigsten Ziele zu fokussieren. Genau das ist der Schlüssel, um im Wettbewerb erfolgreich bestehen zu können.«
Michael Wentzke,
Inhaber Lintea Unternehmensberatung, Hamburg

Unsere Covey-Bestseller

Stephen R. Covey, Jennifer Colosimo
Vom Beruf zur Berufung
ISBN 978-3-86936-172-7
€ 19,90 (D) / € 20,50 (A)

S. M. R. Covey, R. R. Merrill
Schnelligkeit durch Vertrauen
ISBN 978-3-89749-908-9
€ 29,90 (D) / € 30,80 (A)

Stephen R. Covey, Bob Whitman
Führen unter neuen Bedingungen
ISBN 978-3-86936-050-8
€ 19,90 (D) / € 20,50 (A)

Stephen R. Covey
Die 7 Wege zur Effektivität
ISBN 978-3-89749-573-9
€ 24,90 (D) / € 25,60 (A)

Stephen R. Covey
Der 8. Weg
ISBN 978-3-89749-574-6
€ 29,90 (D) / € 30,80 (A)

Stephen R. Covey
Die 7 Wege zur Effektivität Workbook
ISBN 978-3-86936-106-2
€ 19,90 (D) / € 20,50 (A)

Bücher

Stephen R. Covey
Die 7 Wege zur Effektivität für Familien
ISBN 978-3-89749-889-1
€ 59,90 (D/A)

Sean Covey
Die 7 Wege zur Effektivität für Jugendliche
ISBN 978-3-89749-825-9
€ 49,90 (D/A)

Stephen R. Covey
Die 7 Wege zur Effektivität für Manager
ISBN 978-3-89749-890-7
€ 29,90 (D/A)

Stephen R. Covey, Stephen M. R. Covey,
Über Vertrauen
ISBN 978-3-86936-093-5
€ 29,90 (D/A)

Sean Covey
How to Develop Your Personal Mission Statement
ISBN 978-3-86936-092-8
€ 19,90 (D/A)

Stephen R. Covey
Focus: Achieving Your Highest Priorities
ISBN 978-3-86936-031-7
€ 29,90 (D/A)

Audio

Weitere Informationen finden Sie unter www.gabal-verlag.de

Management – fundiert und innovativ

Steve Kroeger
Die 7 Summits Strategie
ISBN 978-3-86936-229-8
€ 19,90 (D) / € 20,50 (A)

Markus Väth
**Feierabend hab ich,
wenn ich tot bin**
ISBN 978-3-86936-231-1
€ 19,90 (D) / € 20,50 (A)

David Allen
Ich schaff das!
ISBN 978-3-86936-178-9
€ 24,90 (D) / € 25,60 (A)

Brian Tracy
Keine Ausreden!
ISBN 978-3-86936-235-9
€ 29,90 (D) / € 30,80 (A)

Hans-Uwe L. Köhler
Die Perfekte Rede
ISBN 978-3-86936-228-1
€ 24,90 (D) / € 25,60 (A)

Svenja Hofert
Das Slow-Grow-Prinzip
ISBN 978-3-86936-236-6
€ 24,90 (D) / € 25,60 (A)

Andreas Buhr
Vertrieb geht heute anders
ISBN 978-3-86936-230-4
€ 29,90 (D) / € 30,80 (A)

Tom Peters
The Little Big Things
ISBN 978-3-86936-171-0
€ 29,90 (D) / € 30,80 (A)

Stefan Merath
**Die Kunst seine Kunden
zu Lieben**
ISBN 978-3-86936-176-5
€ 29,90 (D) / € 30,80 (A)

Weitere Informationen finden Sie unter www.gabal-verlag.de

ANZEIGE

Hier finden Sie Gleichgesinnte ...

... weil sie sich für persönliches Wachstum interessieren, für lebenslanges Lernen und den Erfahrungsaustausch zum Thema Weiterbildung.

... und Andersdenkende,

weil sie aus unterschiedlichen Positionen kommen, unterschiedliche Lebenserfahrung mitbringen, mit unterschiedlichen Methoden arbeiten und in unterschiedlichen Unternehmenswelten zu Hause sind.

Das nehmen Sie mit:

- Präsentation auf wichtigen Personal-Messen zu Sonderkonditionen sowie auf den GABAL-Plattformen (GABAL impulse, eLetter und auf www.gabal.de)
- Teilnahme an Regionalgruppenveranstaltungen, Werkstattgruppen und Kompetenzteams
- Sonderkonditionen beim Symposium und Veranstaltungen unserer Partnerverbände
- Gratis-Abo der Fachzeitschrift wirtschaft + weiterbildung
- Gratis-Abo der Mitgliederzeitschrift GABAL impulse
- Vergünstigungen bei zahlreichen Kooperationspartnern
- u.v.m.

Auf unseren Regionalgruppentreffen und Symposien entsteht daraus ein **lebendiger Austausch**, denn wir entwickeln gemeinsam neue Ideen.
Zudem pflegen wir intensiven Kontakt zu namhaften Hochschulen, so erhalten wir vom Nachwuchs spannende Impulse, die in die eigene Praxis eingebracht werden können.

**Neugierig geworden?
Informieren Sie sich am besten gleich unter:**

www.gabal.de
E-Mail: info@gabal.de
oder
Tel.: 06132-5095090